JN006711

# 文芸共和国の歩き方
### 書棚を遊歩するためのキーワード集

**若澤佑典**

慶應義塾大学教養研究センター選書

# 目　次

## 本書の使い方／遊び方

### 1. 動いて、歩いて、書物と戯れる

このキーワード集は「本を読む」という日常行為にフォーカスし、その実践方法を動作別に並べている。読書と一口に言っても、情報精査のための検索読みから、ストーリーを愛でる遊戯的な読書、着想や思考を育むための創造的なリーディングまで、「本を読む」という行為には多様なバリエーションがある。読書するって、実はいろんな活動内容を含むのである。また、とある読書を始め、それを終わらせるまでには、さまざまな「動き」がそこには含まれている。座って、眼球を動かして、はいオワリじゃない。読書という営みの多様性・活発性を示すのが、本書の目的である。この手引きを眺めた人が、「本を読むって、こういうアクティビティも含むんだ！」と、読書へのイメージが広がったり、「手持ちの本で、何か遊んでみるか……」と、実験精神が芽生えてくれば、わたしの試みは成功である。

　海外旅行者のバイブルに、『地球の歩き方』シリーズというガイドブックがある。旅の行き先を決めたら、そのページをめくって目的地へのルートを調べたり、現地でのアクティビティを夢想したり、渡航先の歴史・地理

を概観したりなど、『地球の歩き方』を元に、旅行のイメージを広げる人は多い。『文芸共和国の歩き方』と題された本書も、書物の森へと飛び込むみなさんが、「こんなことやってみようか」とか、「こっちに進むと何かありそうだ」などアイデアが膨らむように、知の世界探検の手がかりを、各所に散りばめてある。旅人は自身の関心や目的に沿って、ガイドブックの読み方をアレンジする。したがって、本書の読み方も一つに限定されない。もちろん教科書を読むように、冒頭から末尾までを一直線に、一気呵成に読み進めてもらってもかまわない。

　本書は実践篇と理論篇、二つのパートに分かれている。実践篇はキーワード（＝動作）ごとに分割され、各項目おおよそ3000字から6000字までまとまっている。さっと終わる短い項目もあれば、万里の長城の如く、長大な項目もあるので、そのウネウネ具合いをリズムにのって楽しんでほしい。各項目の末尾には、キーワードに関わる文献リストが置かれている。本書を出発点に、さらなる当該テーマの探検、大いなる知の航海に船出できる。こうした過程の中で、本書自体が提示する「知の世界マップ」は、あなた自身の「一点もの」な「知の海図」へと変貌していくであろう。

　理論篇はキーワード集の背景にある、筆者自身の学問探究について提示する。読むというプロセスが「動き」の連鎖であること、個々の行為を積み重ねていくことで、各自の「知のスタイル」が生まれるという視座は、18

世紀の文芸世界、とりわけ文筆家デイヴィッド・ヒュームによる思考の「動き」に、大きく触発されたものである。本書はジェネラルなキーワード集であるが、その一般性は、18世紀研究／ヒューム研究という固有領域から生まれた。理論篇のパートを通じ、専門的な研究とリベラル・アーツの総合知、両者の相互作用を示したい。

　理屈っぽいのがイヤであれば、理論篇を飛ばしてもらってもかまわない。あるいは、興味を惹かれるキーワードを探して、一つの項目を読んだら別の項目にジャンプ、というようにジグザグに読んでもらってもかまわない。項目同士は重層的につながっている。あなたが発見した「関係の線」を重ねていくと、本書の姿も見え方が変わってくる。あるいは、鮭が川を遡るように、後ろのセクションから前のセクションへと、本書を逆流して読むのもおもしろいかもしれない。あなたなりの楽しい読み方を、ぜひ発明してほしい。

## 2. 文芸共和国の賑わいへダイブ！

本書で文芸共和国とは、愉快なことば遊戯を通して、読む悦び・書く探究を媒介として、異なる人々が出会い、本や人について話し、新たな発想をかたちにしたり、自身の言語表現を発見する場を意味する。私たちは、日々の生活で多くの人と、字義通りすれ違っている。道ばたで隣り合う人と、ことばを交わす機会はほとんどない。本来は「遭遇の宝庫」である大学キャンパスでも、事情

はそんなに変わらない。同じ建物に向かう人と、教室で隣り合う人と、話すきっかけはなかなかない。知っている人同士でも、毎日を送るにつれ、話題はどんどん固定化してくる。物理的に誰かと対面していても、その人の持っている世界、頭の中で渦巻いているモノは、こちらからはほとんど見えない。相手と自分の二つの「ことばの世界」、この間をつなぐものが必要だ。それがまさに本であり、「読む」から始まる「会話の場」である。ことばと書物をめぐる、賑やかな遭遇の空間が、文芸共和国のエッセンスである。

　「文芸共和国」（Republic of Letters）というコンセプトは、ヨーロッパのルネサンスに起源を持ち、18世紀のイギリスやフランスで、啓蒙の理念を体現した共同体として、人々の間で共有され実践された[1]。「共和国」という表現は、そこに参加する人々が、社会的地位・母語・職業といった背景に左右されず、水平的で自由なコミュニケーションを追求する、という姿を示している[2]。このように、18世紀の世界で練り上げられた「ことば／アイデア」は、アレンジを加えることで、21世紀に生きる私たちの、読む・考える・書く・話すという一連

---

1) こうした学問的定義については、例えば、『啓蒙思想の百科事典』（丸善出版、2023年）の「文芸共和国」の項目（182-85頁）を参照のこと。コンセプトには歴史があり、そのことばが示す意味も、場合によっては、時代で変化している。見知らぬ用語に出会ったら、辞書・事典をひいてみるのは、とっても大切である。
2) 同上、とりわけ当該項目の「文芸共和国の特徴と背景」セクション（183頁）を参照のこと。

のプロセスに対して、生き生きとしたアプローチや、愉快な閃<sup>ひらめ</sup>きを促してくれる。本書では、書物の世界を語る際、道しるべとして18世紀の世界、すなわち18世紀研究の知見に、時折アクセスする。18世紀のモノやコトが、ひょっこりとわかりやすく顔を出していることもあれば、カレーの隠し味のごとく、その姿が見えずにパワーを発揮していることもある。18世紀研究、それ自体について概論的に紹介するというより、こうした知見を生かすと、どんな知の風景が見えるのか、日々の言語遊戯・閃きの体操に対して、どんなアレンジが加えられるのか、いわば「調味料」としての18世紀研究の潜勢力について、愉快な提示をしたいと思っている。

　文芸共和国は、多種多様なメンバーから成っている。したがって、その「歩き方」を冠する本書では、異なったタイプの読者を想像し、各自がそれぞれの仕方で読みを楽しめるよう、書き方に工夫している。書き手はどんな読者が、どこで、どんなタイミングで本書を手に取るか、実際に目撃することはできない。願わくば「読書の輪」の広がりの中で、私が元来想定もしていなかった、未知の読者へも、本書が届けば幸いである。執筆のスタート地点で、私がイメージしたのは、四種類の読者である。

①本にはなじみがないが、試験的リーディングから抜け出したい人（主に高校生・大学新入生）

　まずは自分の日常と読書の世界に、どこか接点がないか探してみるのはどうだろう。本書はキーワード集なので、どこからでも読み始められる。例えば、暗記が苦手で困っている人は、「忘れる」という項から読み始めてみたり、食いしん坊の人は「味わう」という項を眺めてみるのもいい。入り口が見つかると、知の世界を手元に引き寄せやすくなる。高校での勉強と大学での学びにはギャップがある。もちろんアカデミック・スキルズの関連書籍を読めば、大学で何が求められているのか、どんなことをすればいいのかはわかるが、二つの世界の狭間でジタバタするのも、それはそれでおもしろいものである。ジタバタを楽しくする手がかりが、本書の中には詰まっているはずだ。

②読書は好きだが、大学での学びに困惑している人（主に大学1・2年生）

　本書のメッセージは、「そもそも読書になじみがない人」だけでなく、「読書にはなじんできたのに、大学の学びがシックリこない人」にも向けられている。幼少期から高校生になるまで、本にウキウキ・ワクワクしてきた人も（あるいはそういう人だからこそ）、批判的に文章を精査し、読む中で問いを定立し、最終的に論文執筆へと向かう「大学のクリティカル・リーディング」と遭遇

すると、「あれ、読書っていつも問いを持って論じない
といけないの……」と窮屈な感じを持つかもしれない。
もちろん論文を書くことは大事だし、学術スキルの一つ
としてクリティカル・リーディングを習得することも必
要だ。しかし、大学という場において、「読む」という
営みがすべてそこへと収斂するわけじゃない。本を読ん
でドキドキ・ワクワクする体験は、知的探究の中で放棄
しなくてもいいし、それを生かす場も大学、とりわけリ
ベラル・アーツという空間には存在している。その手が
かりとなるコンセプト、学問領域、参考文献を探してみ
てほしい。

③すでに専門分野がある人（主に大学3・4年生～大学院
生）

　本書が扱う内容は、論文執筆のためのアカデミック・
リサーチよりも幅広い。普段、自身が学んでいること、
論じようと取り組んでいるテーマについて、「論文」と
いう枠組みからちょっとだけ飛び出して、その意味や可
能性について考える機会になるだろう。また、自身の専
攻分野がどんな領域とつながっているのか、普段学んで
いることと、普段は目に入ってこない異質なモノ・コト
を「関連付ける」ヒントが見いだせるはずだ。

④ビジネス書や社会人向け教養本にゲンナリしている人
（主に社会人）

　大学は卒業するものだが、キャンパスという場は、常に外へと開かれている。都会生活に疲れたら、実家へ帰省してリフレッシュするように、かつて大学生だった人たちが、ビジネスの論理で疲弊した際、里帰りする場として「知の世界」があればと願っている。そんな人たちのオアシスとして、本書の愉快さがちょっとでも伝われば嬉しい。

それでは読者のみなさん、文芸共和国に向かって、ボン・ボヤージュ！

**実践篇**

普段使いのことばで...

# ❶ 出掛ける／探検する

よく読む人とは、よく動く人である。まずは自宅の部屋を飛び出して、図書館に行ってみよう。館内をウロウロ、あっちの書棚を眺めては、今度はこちらの書棚に。その姿は「書棚の遊歩者」だ。図書館の書棚には「秩序」がある。その蔵書はライブラリー・スタッフによって分類整理され、分野ごとに並べられている。一つの棚との出会いは、一つの学問分野との遭遇に他ならない。その本棚は、固有の知的小宇宙を示している。また、棚同士の距離は、学問相互の距離感を表すものでもある。Aの棚とBの棚が隣り合っていれば、学問的にもこの二つはお隣さんである。図書館の中を散策してみることで、知の世界の全体像が「身体的な経験」としてあなたの中に定着していく。図書館の空間的広がりは、本来は抽象的な「学問の世界の網の目」を、書籍の分類・陳列という形で具体化している。それは、普段目に見えないものを、目の前に顕現させる知のマジックと言える。

　書棚を前に「どこから何を始めよう」と途方に暮れたら、まずはブックガイドの書棚を探してみよう。それらは「本について語っている本」である。書物の国の迷い人に対して、「こんな本がおもしろいよ」とか、「このテ

ーマに興味があれば、この本から出発するといいよ」などと、いろんなアドバイスを示してくれる。例えば、小林康夫・山本泰編『教養のためのブックガイド』（東京大学出版会、2005 年）といった大学の授業っぽいものもあれば、山本貴光・吉川浩満『人文的、あまりに人文的』（本の雑誌社、2021 年）のようになんだか愉快そうなものもある。石井洋二郎『毒書案内：人生を狂わせる読んではいけない本』（飛鳥新社、2005 年）に至っては、なんじゃこれ、とタイトルにツッコみたくなる。

　本の紹介だけでなく、実際にいくつか作品を読みたい人には、アンソロジーがお薦めだ。編者がテーマを設定し、それに沿う文章が集められている。例えば、文庫版『ちくま哲学の森』全八巻（筑摩書房、2011 年〜 2012 年）を手に取ってみると、さまざまな文章が飛び込んでくる。例えば、第 6 巻の『驚くこころ』など、タイトルからしておもしろそうだ。フロイトの「精神分析について」やデカルトの「方法序説」といったザ・テツガクといったものから、ファインマンの「考えるだけでラジオを直す少年」や山下清の「伊香保へ行って温泉に入ろう」など、意表を突かれる作品も入っている。この世に「哲学の森」があるならば、その隣には「文学の森」もあるに違いない。物語の探求者にとっては、文庫版『ちくま文学の森』全十巻（筑摩書房、2010 年〜 2011 年）が心のオアシスとなるはずだ。

　外国語の書棚に行ってみるのもいい。徒歩数分、料金

無料の海外旅行である。本をめくって意味がわからなくても、「ことばのかたち」を追いかけているだけで、外国語の読書はけっこう楽しい。パラパラと洋書をめくっていると、本の構成自体が違うことに気がつく。例えば日本語の本は、出版年や出版社名など、書誌情報が本の末尾に置かれている。英語の本を開くと、ほとんどの場合、書誌情報は本の冒頭にある。それじゃあ、フランス語や中国語といった、他言語の本はどうなのか。英語の本でも、昔から書誌情報は冒頭に置かれていたのか。疑問や発見がふつふつと湧いてきて、あなたの好奇心を刺激する。

　書物は五感を通じて、あなたへインスピレーションを運んでくれる。書物は内容だけでなく、モノとしてもそれぞれ個性がある。素材の質感、本の大きさや重量、表紙デザインや文字のレイアウト、書体のチョイスなどなど、あなたが書物を愛でるポイントは、一つではない。電子書籍も便利だし、情報アクセスという点では優れているけれど、上記の「モノとしての、それぞれの本の個性」が均質化されていることも忘れないでほしい。重要なのは、場面や用途による使い分け。お家でスマホやPC を立ち上げれば、情報の総体としての本＝電子書籍にアクセスすることはできる。しかし、自分の部屋から出て、図書館という「ことばの森」に出かけ、書棚を遊歩し、実際に紙の本を手に取ってみる、という身体経験には何ものにも代替できない価値／悦びがあることも、

みなさんには実感してほしい。

　表紙にはどんなイラストやデザインが描かれているだろうか。哲学書らしく、意味深な文様で飾られているもの。誰かの肖像写真が配されているもの。伝記か自伝だろうか。あるいは、可愛いキャラクターが踊ったり、跳ねたりしているもの。書棚を回って表紙デザインを渉猟していくと、自分のお気に入りも出てくるはずだ。思わぬ発見もある。「この本とあの本、筆者は違うけど、表紙のテイストは同じだ！」と、装丁をめぐるいくつかの点が、一つの線へとつながっていくかもしれない。安野光雅、和田誠、あるいはクラフト・エヴィング商會（吉田浩美と吉田篤弘のユニット）のように、装丁の仕事をしながら、自分で本も書くという才人もいる。

　あわせて、本の質感を楽しんでみよう。ゴワゴワした書物、ツルツルした書物と、触り心地もさまざま。サイズの違いから受ける印象もある。文庫本はコンパクトで、持ち運びも手軽だ。ドッシリとした内容の哲学書でも、文庫本だと少しは「気軽」に手を伸ばせるだろうか。アートやデザインの本、展覧会の図録は大きいモノが多い。画集を手に取ったときのズッシリ感、美術の歴史の「重み」を受け止めているようで、荘厳な気持ちにさせられる。本を書棚から取り出して、自分の手で運ぶのもドキドキ・ワクワク、期待と本の物理的重さを感じる甘美な時間である。本をどこに持って行くか。「何を」読むかだけでなく、「どこで」読むかも、あなたの読書体験を

左右する要素である。同じ本を開いても、そのときのあなたの気分、周囲の環境が、あなたの読書体験を「イマ・ココ」にしかないものへと昇華させていく。

①「図書館とそこに生きる人々」を語る六冊
ウンベルト・エーコ『薔薇の名前〈上〉・〈下〉』河島英昭訳、東京：東京創元社、1990年
長田弘編『中井正一評論集』東京：岩波書店、1995年
根本彰『理想の図書館とは何か：知の公共性をめぐって』京都：ミネルヴァ書房、2011年
アルベルト・マングェル『図書館：愛書家の楽園』野中邦子訳、東京：白水社、2008年
中島京子『夢見る帝室図書館』東京：文藝春秋、2022年
ガブリエル・ガルシア＝マルケス『生きて、語り伝える』旦敬介訳、東京：新潮社、2009年

図書館という場には、さまざまなストーリーがドッシリと詰まっている。翻って、特定のストーリーの舞台として、図書館が選ばれることもある。読むことは推理すること。ミステリーがお好きであれば、エーコから始めるのはいかが。修道院の図書館を舞台にした、中世の殺人事件と遭遇できる。彼は記号学者であり、作家でもある

18

人だ。論文を書くことと物語を作ること、両者のつながりと隔たりを考える上でも、エーコの著作は面白い。二刀流といえば、中井正一も忘れてはいけない。美学者としてスポーツや映画を論じつつ、国立国会図書館の副館長として責を全うした。彼の評論集では、図書館という具体的な場、その理念についても語られている。図書館は学問が始まる場でありつつ、同時に、学問の対象ともなりうる。「図書館学って何だ？」と思った人は、根本彰の著作を読んでみよう。図書館学が日本で始まった経緯、それが花開いた場所がどこかを調べてみると、意外な発見がある。また、文芸共和国を周遊すると、図書館という場を個人で体現したような人に遭遇することもある。その例を見てみたければ、アルベルト・マングェルを読んでみて。博覧強記とは、彼のような人のためにある言葉だ。読書の歴史／書物の歴史という分野を知ることにもなる。

②「お出掛けの背中を押す」四冊
木下直之『木下直之を全ぶ集めた』東京：晶文社、
　　2019年
ベネディクト・アンダーソン『ヤシガラ椀の外へ』加
　　藤剛訳、東京：NTT出版、2009年
宮本常一『民俗学の旅』東京：講談社、1993年
今和次郎『今和次郎　採集講義』京都：青幻舎、

お出掛け先で、何かを見つけるのがうまい人がいる。木下直之は、街にある変なモノによく気がつく。銅像や提灯、お城の貯金箱やお店の看板を見て、新たな美術史を立ち上げていく。ヘンテコだけど鋭い、ほんわかしているけど概念的・根本的な「問い」が、街中で生まれていく。お出掛け先の観察で、自分の学問を作ってしまう人もいる。東南アジアのフィールドワークで、比較地域研究を行ったアンダーソン、農村各地をめぐって聞き取りをする独学の人、民俗学者の宮本常一、銀座で路上観察を行い、考現学なる試みをした今和次郎、ユニークな人々は思ってもみない学問を世に提示する。そのフォロワーとなるのも、あるいは野望を燃やして、自身が新たな学の創出を夢見るのも、どっちの未来も面白い。

## ❷　開く／眺める

　読書に決まった作法や、お堅いルールはない。律儀に序
文から読み進めるもよし、後ろの解説やあとがきから読
むのもよし、本をパッと開いて、目に飛び込んできたペー
ジを試し読みするもよし。「読む人」の自由を味わい
ながら、闊達にことばの世界へと潜水していこう。困っ
たときは、目次をジックリ眺めるべし。目次はその本の
骨格を示すものであり、ストーリーや論説のエッセンス
が各パートの見出しとなって、配置されている。各章の
論理的・構成的な関係も、目次の布置を眺めているとな
んとなくつかめてくる。「ここはこんなことが書かれて
いるのかな」とか、「だいたいこの章でクライマックス
になりそうだ」などと、想像が膨らむ。
　目次は内容を開示しつつ、軽やかに何かを隠してもい
る。その二重性を楽しんでほしい。ドッキリやビックリ
といった捻りがあるのは、推理小説、あるいは広く物語
に限らない。学術的な論説文であろうと、文芸批評であ
ろうと、論理性に加えて「思いもかけなかった」意外性
が、文章には内在している。目次は適度に読者を「正し
い道へと案内」しつつ、見出しをザッと眺めただけでは
気づかない驚きを内に仕込んでいる。

目次を離れて探検を続ける。和書であれば最後のページ周辺に、洋書であれば冒頭のページ近辺に、書誌情報と言われる記載が発見できる。著者名やタイトルはもちろんのこと、出版社名や出版年の情報から、当該書の「個性」が推理できる。出版年は読者のあなたと、その本の世界、二つの距離を目測する手がかりだ。最近書かれたものであれば、あなたのフツーと本側のフツーには、何か接点があるかもしれない。ふるーい時代の本であれば、筆者が「当たり前に」していることが、こちらの「非常識／想定外」になる可能性大だ。もちろん、明治時代に執筆された小説が、古典作品として岩波文庫やちくま文庫から出版されることもある。執筆年／発表年と出版年は、違う場合が結構あるので気をつけよう。過去にヒットした本が、別の出版社のシリーズに入り、新たな本として世に出ることもある。版本について注意を向けることは、その書籍がモノとして、どんな足跡をたどってきたか、その歴史を知ることである。本の中には、複数の時間（あるいは過去）が、層になって収納されている。

　出版社に関しては、いろんな本を読んでいくと、それぞれの出版社のキャラクターがわかってくる。例えば哲学の本を読んでいると、それなりの頻度で、勁草書房の書籍とぶつかる。哲学方面に強い出版社なのかな、というイメージが広がる。詩論やヨーロッパ文学の本を探していると、わりと、水声社の書籍と遭遇し、翻訳作品や

語学書をあさっていると、白水社の本とたびたび出会う、などなど。さまざまな本を開くことで、あなたの内には体験の地層が、密やかに形成されていく。自分では意識しにくいが、この経験の沈殿物たちが、書物の探偵たるあなたの「勘」を支えていくことになる。本を前にすると、やること・やれることがいっぱいだ。手がかりは数え切れないし、その分だけ「眺める楽しみ」があふれている。嬉しさの悲鳴をあげよう。

①「書物を眺める悦び、ページを開く楽しさ」
を語る五冊

植草甚一『古本とジャズ』東京：角川春樹事務所、
　　1997 年

林達夫、久野収『思想のドラマトゥルギー』東京：平
　　凡社、1993 年

河野与一『新編　学問の曲り角』原二郎編、東京：岩
　　波書店、2000 年

高平哲郎『植草さんについて知っていることを話そ
　　う』東京：晶文社、2005 年

山口昌男『本の神話学』東京：岩波書店、2014 年

本を見つけて、ページを開くのが楽しくて楽しくて、たまらなさそうな人がいる。植草甚一はその代表みたいな人だ。古本屋に行くと、ついつい表紙と目次に魅せられ

て、どんどん書籍を買い込んでしまう。見知らぬ本と出会いたくて、ニューヨークまで飛行機で行ってしまう。もちろん自宅は本の山。書庫で起居しているというより、辛うじて本に埋もれずに、人がなんとか生きているという感じ。書物愛も限界を超えると、命の危険さえある。愉快な書物おじさんという点では、林達夫もずば抜けた存在だ。久野収のインタビューに答えて、闊達軽快に書籍のタイトルから連想を広げ、書物同士のネットワークを我らの眼前に描いていく。林達夫は編集者的博覧強記の人（平凡社で『世界大百科事典』の編集長をしていた）だが、言語を横断した広範な読書体験というと、河野与一もすごい。何カ国語も駆使して、ただただ楽しむために、諸国の書物を読んで読んで読みまくる。アウトプットは断片的かつ少量、『学問の曲り角』を読むと、その博学的愉楽が短い文章にギュッとつまっている。わたしもこんな感じの語学教師になりたい、と思わず夢見てしまう。

② 「読むことをめぐる理論と実践」の六冊

前野直彬『新装版　風月無尽：中国の古典と自然』東京：東京大学出版会、2015 年

吉川幸次郎『漢文の話』東京：筑摩書房、2006 年

三中信宏『読む・打つ・書く：読書・書評・執筆をめぐる理系研究者の日々』東京：東京大学出版会、

2021 年

イヴァン・イリイチ『テクストのぶどう畑で』岡部佳
世訳、東京：法政大学出版局、1995 年

アルベルト・マングェル『新装版　読書の歴史：ある
いは読者の歴史』原田範行訳、東京：柏書房、
2013 年

ウンベルト・エーコ『ウンベルト・エーコの文体練習
完全版』和田忠彦訳、東京：河出書房新社、
2019 年

ページを開き、思考を羽ばたかせる技法は、分野によっ
ても様相が異なる。わたし自身はイギリスの思想文芸が
フィールドなので、例えば中国古典の思考パラダイムな
ども、併せて紹介しておきたい。前野直彬や吉川幸次郎
の著作を読むと、漢文を読む人が、特定の語句や概念と
出会ったとき、頭の中でどんな思考プロセスを踏んでい
るのか、順を追って理解することができる。また書物と
苦闘するのは、自然科学系の人も（やり方や意味はちょ
っと違うが）同じである。三中信宏は分類をキーワード
に、本の世界といきものの世界をつなげる、類い稀な書
き手である。『思考の体系学：分類と系統から見たダイ
アグラム論』（春秋社、2017 年）や『系統体系学の世界：
生物学の哲学とたどった道のり』（勁草書房、2018 年）
などもお薦めである。

### ❸ 音読する／躍動する

黙読は時に単調で、場合によっては窮屈だ。文章を目だけで追っていると、時折ことばの大事な部分が、行間から滑り落ちていく「感じ」がする。眼球だけが動いていて、文の意味やそこに付帯する感情、書き手の声が、私の頭の中に入ってこない。静かに楽しむだけが読書じゃない。ここは音読でもして、気分を変えて、ことばにアプローチするのもよい。例えば次の文など、眠った頭へのパンチにどうだろうか。

> 言葉が死んでいた。
> ひっそりと死んでいた。
> 気づいたときにはもう死んでいた。
> （長田弘「言葉の死」1-3行）

『長田弘全詩集』（みすず書房、2015年）より、「言葉の死」冒頭の三行である。意表を突かれる書き出しだ。誰かの死は、いつも予期せぬ形で訪れるものだけど、今回の被害者が「言葉」とは。書き出しの時点では、病死なのか、自殺なのか、他殺なのかはわからない。冒頭が伝えるのは、今回の死は目撃者のいない、人々の注意の外

で起こったということ。ビックリする始まりなので、音読するなら「言葉が死んでいた」を唐突に、デッカイ声で読み始めるのがよいだろうか。あるいは誰も気づかなかった、「ひっそりと」した死に焦点を当て、ボソボソと誰も聞き取れないような、弱々しい声で読むのもアリかもしれない。死の重々しさを酌んで、あえて平坦に音読を進めることもできる。逆に、死のショックを強調して、荒れ狂うように音読する仕方もあるだろう。黙読では、数秒で通りすぎるであろうこの三行も、音読の対象にすると、立ち止まるポイントがいくつも出てくる。

　詩の作品と音読は相性がいい。詩人は音読を想定して、自身の「ことば」を練っているし、自作品のライブ・パフォーマンスをする人もいる。日本ではさほどなじみがないが、イギリスなどで暮らしていると、ポエトリー・リーディングといったイベントは、文芸フェスティバルなどでも見かける。翻(ひるがえ)って、普段は音読の対象とならない、散文作品を声に出すのも一興(いっきょう)だ。


　　下宿の隣の部屋には理論物理学者がいて、個物への興味を持つということそれ自体が理解できないらしかった。彼は少数の本を手元に置いているだけであった。たいていの本は買ってくると、表紙を「重い」と言って捨て、飛石のように数式だけを読んで、二百ページくらいの本を一時間もするとごみ箱に直行させるのであった。もっとも、彼

が音楽を好み、少数の文学——ジョイス、マラルメ、ヴァレリー——を評価していたことを付け加えねばならない。彼が「マラルメはどんな場面でももっとも美しい音を選び、ヴァレリーはその場面にふさわしい音、従って不快な場面では不快な音を使う」と言ったのは、今も至言ではないかと思っている。(中井久夫「精神科医がものを書くとき」10頁)

語り手は、学生時代を思い出し、個性的な隣人について語っている。その声は、若き日を懐かしむ、やさしい響きだろうか。あるいは、その強烈さに触発され、エキセントリックで情熱的な響きを持っているだろうか。ボソボソと音読するか明朗快活に読むかでも、音読する人の語り手に対する理解が現れてくる。読み終わった本を捨てていた友人だが、回想の後半ではヴァレリーの文章に対する、彼の明察が示される。文章のトーンがガラッと変わり、この友人の印象も奥行きを持つので、音読するスピードにも変化が必要だろう。文章への理解と音読での身体表現がリンクしてくる。

　実のところ、読書とは「全身で行う」ものである。あるいは、すでに「全身で行っている」のだけれど、当人がそれに気づいていない、のかもしれない。机にキッチリ座って読書するのと、ベッドにゴロ寝して本を読むのと、直立してページを眺めるのでは、同じ書物でも頭へ

の入り方がずいぶん違う。ノリのいいミュージックを聴くと、自然と体が動くものだが、いい感じの文章を読んでいるとき、読者のあなたは軽く揺れて、体をシェイクさせてはいないだろうか。ことばにはリズムがあり、思考や感情も波の如く「揺れ」ている。

①「ことばと共に動く」ための五冊
長田弘『詩人であること』東京：岩波書店、1997 年
中井久夫『世界における索引と徴候　1987-1991：中井久夫集 3』東京：みすず書房、2017 年
武藤浩史『『チャタレー夫人の恋人』と身体知：精読から生の動きの学びへ』東京：筑摩書房、2010 年
阿部公彦『英詩のわかり方：「常識」ゼロからの英詩入門』東京：研究社、2007 年
山内志朗『新版　天使の記号学：小さな中世哲学入門』東京：岩波書店、2019 年

詩人はことばのリズムに敏感だ。長田弘は『食卓一期一会』のように、言葉の世界が日常生活に浸透していく詩を書く。彼の食卓の詩には、ドン・キホーテやロビンソン・クルーソー、三銃士などが登場する。楽しく食べて、楽しく読み、楽しく言葉を発する。ちょっとホンワカした気分の中に、ピリッと怖い作品もある。そのことばの

アクセントが、食事の緩急のように心地よい。ことばと動きに鋭敏なのは、お医者さんも同じである。精神科の治療者たちは、薬と同時に「ことば」を以て患者に相対する。中井久夫のエッセイを読むと、精神医療に携わる人々の身体感覚、ことばの力に対する機微を感じることができる。「世界における索引と徴候」という論考は、『中井久夫集』だけでなく、『徴候・記憶・外傷』（みすず書房、2004 年）でも読める。「徴候」ということばが示すように、兆しを見つけ解釈することは、文学研究の方法論としても活用できる。中井は精神医学の臨床のみならず、現代ギリシア詩の翻訳作品もある。もちろん、精神医学関連書の邦訳もやっている。その眼力に圧倒されるばかりだが、彼の文章は穏やかで発見に満ちている。不思議なリズムを持った書き手である。

# ❹ 引き写す／書き換える

思いがけない比喩、愉快なことばと遭遇すれば、なんだかウキウキしてくる。心が弾むと、静かに座っているだけでは物足りない。手を動かし、愉快な文章たちを、書き留めたくなってくる。黙読における「ことば」との出会いは一期一会。「おっ、このフレーズいいな」と思っても、読み進めていくうちに「あれ、どっかに何かいい表現あったよな」と、忘却の沼に沈んでいく。ちょっと悲しいし、なんといっても惜しい。イマ・ココで輝いて見える「ことば」たちを、自分の手元へととどめておきたい。そんな「ことばの所有」欲に促されて、「読む人」は「書く人」の道へと歩を進める。

　巷には名言・金言好きな人がいる。マジメなところでは、岩波文庫に『ギリシア・ローマ名言集』（柳沼重剛編、2003 年）が入っているし、ウェブ上をちょこっとサーチすれば、スポーツ選手やエンターテイナーたちの名言集が、ザックザックと登場する。小説や詩を読まない人でも、自分を動かすパワーを持った「ワン・フレーズ」に注意を向けることはあるようだ。あなたが文芸共和国への道を歩むのならば、気になった「ことば」たちを書き留めてストックし、あなたオリジナルの引用集を編ん

でみるのはいかがでしょう？　ことばが集まって、あなただけの「ことばの宇宙」が熟成していくのは、きっと楽しいに違いない。

　「書く人」への船出は、一抹の「苦しさ」を伴うかもしれない。読むことは好きだが、書くことには手を出さない、という人は結構いる。一冊一冊の本に、それぞれ固有の「声」がある。日々、百花繚乱の「書物の声」に触れていると、自分の書いたものがどこかノッペラボーな、無個性な文章に感じられて、イヤになってしまうのかもしれない。物理的な自分の声と違って、文章の「自声」が響き渡るには、ステップがいる。最初から、書いたものの中に「自分の声」がなくてもいい。むしろ、ないほうが自然なのである。

　自らの「文章の声」を模索するあなた、まず必要なのは声の素材だ。まったくの無からは、なかなか何かは生まれない。スタート時点で、「あなた自身のことば」はボンヤリしていても、「あなたが好きなことば」は存在するはず。同じ文章を読んでいても、どのフレーズに注意を惹かれるか、どんな箇所に魅力を感じるかは、人それぞれである。要約問題に怯えるのは、大学入試までで十分だ。文章を俯瞰的に、客観的に把握して「キーフレーズをまとめる」のは大事だけれど、みんなが同じ「まとめ」にたどり着く「文章理解」だけでは、読書体験はどこかキュウクツだ。みんなは違うかもしれないけれど、「私はココがスキっ！」というチョイスが許されるのも、

大学という場、あるいは文芸共和国ならではの愉しさである。

　好きな文章の選択には、各自の好みや趣向が反映される。文章そのものは「別の人のことば」だけれど、何を抜き出してどう並べたか、その編集作業は「あなた」が反映されている。引用集の作成は、あなた自身の「文の声」を形作る第一歩なのだ。

> ①「書き写す人、吉増剛造」を知る三冊
> 吉増剛造『詩学講義：無限のエコー』東京：慶應義塾
> 　　大学出版会、2012 年
> ─────『我が詩的自伝：素手で焔をつかみとれ！』東
> 　　京：講談社、2016 年
> ─────『詩とは何か』東京：講談社、2021 年

吉増剛造は弩級の詩人である。ハイデガーや柳田国男の歩みを想い、そのステップから詩のリズムを形づくる「読む人」である。彼は筆写が好きらしい。見つけたことばを筆写し、ことばのリズムを筆先に、身体の内へと取り込んでいくプロセスが、自伝や講義の記述から垣間見える。『詩学講義』は、慶應義塾大学三田キャンパスでの出来事が元だ。外からは見えない大学の教室、その一部屋一部屋で、そこでしかありえない経験が、密かに生まれている。当該書はその一例である。

②「物語の書き換え、ことばの語り直し」
　を楽しむ三冊

ジャンニ・ロダーリ『ファンタジーの文法：物語創作
　法入門』窪田富男訳、東京：筑摩書房、1990年
──『羊飼いの指輪：ファンタジーの練習帳』関口
　英子訳、東京：光文社、2011年
河合隼雄『物語とふしぎ』河合俊雄編、東京：岩波書
　店、2013年

ファンタジーはみんなの共有財産である。語り継いでい
く中で、物語は変転し、新たなストーリーの「いのち」
が、あちこちに散種されていく。ロダーリは物語を膨ら
ませ、発酵させ、飛び立たせる達人だ。彼の物語は愉快
で、時にちょっぴり悲しい。何かを書きたくなったら、
ロダーリの文章を読むと、物語ることへのエネルギーと
勇気をもらえる。

## ❺　食べる／味わう

　本に触れ、表紙や目次を眺め、朗読で音の響きを感じ、ページのかび臭い匂いに歴史を想う。五感をフル活用した読書の中で、「味覚」だけはションボリ、置いてきぼりを食っている。本を実際に「食べる」ことはできないが、ことばを「味わう」ことは可能だ。じっくりと腰を据えた読書は、「味読(みどく)」と表現される。肉や魚をすぐにゴクリと飲み込まず、口の中でゆっくりと咀嚼(そしゃく)し、舌の上で味の広がりを楽しみ、胃に入ったあとも、口の中の余韻を楽しむ。こうした食べ物の味わい方が、ページの文章をゆっくりと追いかけ、時には文字の形や音のリズムを楽しみ、緩急をつけた中で、ことばと戯(たわむ)れる仕方が類比されている。「食事の味わい方」と「ことばの味わい方」は、そのフォームが似ている、あるいは同じ根を持ったものなのである。

　食べるという行為は、舌だけでなく、目で色彩を楽しみ、鼻で香りを感じ、時には耳でジュージューといった、焼き音を満喫する。体全体を使った悦(よろこ)びである。文章の味読についても、体の全体を使って、一つ一つのことばが持つ特徴、それぞれのつながりや相互作用について、感じ取っていくプロセスになる。ここで舌そのものが、

本を物理的に舐めることはないが、舌の持つ「味の記憶」は、食卓のシーン、食べ物の描写を読み解いていく中で、キーとなってくるだろう。また、音読や発声は舌を使った行為である。一行一行を「噛みしめて」朗読する際、口の中で舌が動き回っている感じ、空気と触れ合っている感覚は、ことばを「体験」する上で、一つの手がかりとなる。

　どんな時代に生きる人も、どんな地域に住まう民も、毎日何かを食べている。食べるという行為は、人間文化の中で遍在するものだ。ただし、これを言葉の世界とどう結びつけるか、そもそも「食べる」ことについて何を、どう考えるかは、人や文化によって違いが出てくる。18世紀に生きた人々は、味わうこと、味わうことについて考えること、味わいの体験と理論を言語化することについて、とりわけ熱心であった。味覚や風味を英語で「テイスト "Taste"」と言うが、18世紀イギリスではテイスト論なるものが、文芸世界を席巻した。テイストは口で具体的に感じる「味覚」と併せて、ファッションやデザインなど美的な感受性に関わる「趣味」判断、各人が持つ嗜好性を表すターム（用語）でもある。

　我々の周りでも、「好きな料理は？」と聞かれて、カレーを挙げる人もいれば、ステーキを挙げる人もいる。食の好みは人それぞれで、同じ料理でも好きな人と嫌いな人がいる。こうした個々人の好みは、「この服装がいい」とか「この家具の装飾がいい」といった、スタイル

やデザインの好みと同じ括(くく)りの中で、「テイスト（各人の味わいの好み＝趣味）」として論じられる。18世紀の趣味論に興味が出たら、例えばデイヴィッド・ヒュームの「趣味の標準について」というエッセイを探してみよう。田中敏弘訳『道徳・政治・文学論集』（名古屋大学出版会、2011年）に収録されている。このエッセイでは『ドン・キホーテ』が引かれ、ワインの大樽を味見し、革や鉄のわずかな含有に気づく話が紹介されている。

①書物と食事をつなげる五冊

袁枚『随園食単』青木正児訳注、東京：岩波書店、
　　1980年

青木正児『華国風味』東京：岩波書店、1984年

藤原辰史『決定版　ナチスのキッチン：「食べること」
　　の環境史』東京：共和国、2016年

鶴見俊輔、安野光雅、森毅、井上ひさし、池内紀編
　　『新・ちくま文学の森11：ごちそう帳』東京：筑
　　摩書房、1995年

長田弘『食卓一期一会』東京：角川春樹事務所、
　　2017年

食べることに一生懸命なのは、和洋中で変わらないが、それぞれの「食を語る」スタイルがあることも確かである。18世紀の中国からは、文人の袁枚(えんばい)を引いておいた。

食通による料理雑記である。訳者の青木正児は、筍の魅力をよく知っている。気になる方は、『華国風味』をご覧あれ。第二次世界大戦を経験した人なので、その時代の食糧難を考えれば、食べ物について語る意味も軽佻浮薄でないことがわかるはずである。戦っていようと、殺し合っていようと、悲しいかな人は食事をする。世界大戦という非日常、その中にある「食べる」という日常をことばで追いかけたければ、藤原辰史の農業史を読んでみよう。

# ❻ 躓く（つまず）／途方に暮れる

ムムッ、手に取った本に、何が書かれているのかサッパリわからない。ピンチだ。これまで、学校の教科書だってスラスラ読めたし、アルバイト先のマニュアルだって、サクサク実行できた。情報処理力には自信があったのに。書物の森に足を踏み入れると、なんだかわけワカラン本、意味が理解できない本が次々と現れて、「読む人」ビギナーたちを当惑させるだろう。こうした「意味不明な本たち」を、「無価値」とラベルの貼られたごみ箱に放り捨てるのはたやすい。でも、ちょっと待ってくれ。その本の筆者は、読者を困らせるために、あるいは読者への配慮を欠いて、こんな「難しい」本を書いたのだろうか。あるいは、理解できないこと、わけわからない本って、そんなに悪いものなのか。読書をめぐる暗黙の前提、勉強や仕事での「読む」と遊戯としての「読む」の差異に立ち戻って、「ワカラン」という現象の擁護（ようご）ができないものか。

　小学校から始まる学校教育において、そこで使われる教科書（の多く）は、21世紀の日本に生きる「あなた」に向けて書かれている。教科書を執筆する人は、頭の中であなた「のような」人をイメージし、その想定読者に

向けて、ことばを発している。これは、学校教科書という枠組みでは当たり前のことだけれど、書物全般という広い世界においては、必ずしも自明のことではない。とりわけ、「古典」と呼ばれる、長い時間の風雪を生き延び、地域や言語の境界を越えて「読み継がれて」きた書物については、学校教科書のような前提が通用しない。

　アダム・スミスの『道徳感情論』や『国富論』、ディケンズの『二都物語』や『大いなる遺産』は、いわゆる世界の古典と呼ばれる作品である。21世紀の日本でも、図書館や書店に行けば、本棚で翻訳書を見つけることができる。スミスの哲学書やディケンズの小説は、世紀と国境を越えて読み継がれ、現代世界において古典作品となった。逆に言えば、これらの作品は出版当時、「古典」として世に問われたわけではないし、執筆者たちも「よ〜し、古典を書くぞ」と意図して執筆に励んだわけではない。スミスは18世紀のグラスゴーで、ディケンズは19世紀のロンドンで、同時代に生きて、英語の読み書きができる読者を想定して、作品を構想・執筆したのである。ひょっとしたら、頭の片隅で「フランス語に翻訳されるかも」とか「反響があれば10年後にも読まれているかも」ということは、彼らも考えていたかもしれない。しかし、150年から200年の時を経て、ヨーロッパも越えて、21世紀の日本で自身の著作が出版されていることなど、スミスもディケンズも想像／妄想すらしていなかっただろう。

古典作品の森において、21世紀の日本に生きるあなたは、作品の主＝執筆者が「予期していなかった」訪問者である。書き手側の想定と、読み手側であるこちらの実情には、大きな溝がある。書物を開いて聞こえてくる「語りの声」は、あなたではない「他の誰か」に向けて、何かを語っている。スタート地点において、古典作品は直接あなたのほうを向いていない。したがって、なんだかわけワカラン状態になっても、それは当たり前なのだ。

　読書で「躓く」という体験は、読み手の自分と書き手の相手について、「その間にある違い」が意識化されるプロセスなのである。当初、読み手の「私」は、自分と同じような人物を想定して、書き手の声に耳をすましていた。でも、こうした自分の投影をしても、書かれたものがうまく入ってこない。多分、自分にはない何かが、読者の「私」にとって「何か異質なもの」が、目の前の書物には内在しているらしい。当初の読みの想定ではうまくいかんぞ、ということがわかる、気づき・発見の瞬間であり、躓きは「読む人」にとっての吉兆（きっちょう）ですらある。これを契機に何かが変わり、思いもしなかったアイデアやシーンが、目の前に広がる（かもしれない）。

　わからないは怖（こわ）くない。読書において「すべてが理解できる」、あるいは「すべてが理解できた」と思っていられることが異常事態なのである。私たちが生きる世界、その森羅万象（しんらばんしょう）はほとんどがナゾである。自然科学のプロに問えば、我々の住むこの大地も、そこに住まう生き物

たちについても、わからないことは数多ある。読書に勤しんでいる自分自身、「一人称の私」だって考えてみれば不思議な存在だ。だいたいのことは、よくワカランがフツーなのだ。それを編集作業や問題設定、運用指針といった「限定」をすることで、「全部わかるぞ」を人工的に作り出しているのが、一般の学校教科書である。いわば、「学校教科書を読むこと」が25メートルプールでの水泳練習だとすれば、書物の森散策の体験は、江の島の海へと直接ダイブするようなものである。水はしょっぱいし、波も泳ぐ人の事情を勘案してくれない。

　書物を読んで「ワカラン」と遭遇したら、とりあえず保留にしてページを読み進めてもよい。そもそも、すべての本を「読み尽くす」必要などないのだ。ワカラン本とはいったんサヨナラして、また読みたくなったら、その本に戻ってきてもよい。学校の試験と違って、あなたの読書を急かすものは何もない。あるページのあるフレーズが気になったら、そこにとどまっていくらでも右往左往していてよいのだ。書物の前で、ある謎めいた文章の前で途方に暮れるのは、実はリッチな時間の使い方で、それこそが読書の醍醐味とさえ言える。

①「躓きの達人たちに学ぶ」四冊
森村泰昌『踏みはずす美術史：私がモナ・リザになったわけ』東京：講談社、1998年

───『美術の解剖学講義』東京：平凡社、1996 年

山内志朗『〈つまずき〉のなかの哲学』東京：日本放
　送出版協会、2007 年

───『「誤読」の哲学：ドゥルーズ、フーコーから
　中世哲学へ』東京：青土社、2013 年

わからない、できないに遭遇するのは、アートの世界も
同じである。森村泰昌は絵がうまく描けず、そもそも
「絵とは何か？」に大きく躓いて、自身がモナ・リザに
なった写真作品まで作ってしまった人である。「わから
ない」のマグマはすごい。それが創造的に爆発すると、
ユニークなアート作品や、哲学的論考が完成してしまう
のである。

　②「わからないを擁護する声」が響く三冊

佐々木中『切りとれ、あの祈る手を：〈本〉と〈革命〉
　をめぐる五つの夜話』東京：河出書房新社、
　2010 年

大江健三郎、古井由吉『文学の淵を渡る』東京：新潮
　社、2015 年

ジル・ドゥルーズ『記号と事件：1972-1990 年の対
　話』宮林寛訳、東京：河出書房新社、2007 年

卓越した書き手も「この文章は意味ワカラン」と途方に

暮れることがある。その現場を目撃せよ。

# ❼ 引く／調べる

インターネットがなかった時代、辞書・事典の存在はサイコーに輝いていた。知らないことばや未知の事象と遭遇したとき、こうしたレファレンス・ブックは数少ない、有力な助っ人だったのである。アナログの世界において、ものごとの「つながり」は隠れており、知の総体へのアクセスも限られている。自分が読んでいる小説で、知らない国のお菓子が出てきても、それがどんな味や形をしているのか、その国はどんなところなのか、知識を集めるのは容易なことではない。こうした環境下で、辞書・事典の項目は、自身の日常と未知の世界をつなぐ、知の架け橋として機能していた。わからないことがあれば、とりあえず辞書・事典を引いてみる、すなわちレファレンス・ブックをあたることしか、ものを調べる手段がない時代があった。

　インターネットが登場し、検索エンジンが普及することで、何かの情報を集めたり、事象同士の「つながり」を可視化することが、飛躍的に容易になった。紙の辞書をだんだん見なくなり、電子辞書ですら使わない人が増えてきた。キーワードをスマートフォンに入力すれば、「それっぽい」情報がすぐに出てくる。大学の授業風景

も、1990年代〜2020年代にかけて大きく様変わりした。学ぶ人＝読む人と辞書・事典の関係性は、テクノロジーの進歩に影響を受ける。図書館の中で、学び舎の風景で、辞書・事典がキラキラしていた時代は、もはや過去のもの。しかし、辞書・事典というジャンルが、読む人の世界から消えてしまったわけではない。21世紀になっても、元号が変わって令和の世になっても、辞書・事典は新たな「読みのフィールド」で、そのアツさを発揮している。

　これまで辞書・事典といえば、特定の見解や情報に正統性を与える、知的権威としての働き、日常世界に生きる人々に対して、学術世界の門番たる側面が目立っていた。辞書・事典は頼もしくも、ちょっと近寄りがたく、時には怖い存在でもあった。これに対して、デジタル世界の興隆に伴い、辞書・事典のチャーミングな、愉快でいたいけな側面が、読者の側にも見えるようになる。

　知らないことへの取っ掛かりは、「とりあえず」検索エンジンが与えてくれる。そんなデジタル時代において、辞書・事典のパワーは「既知」の事象に対して、逆説的に発揮される。辞書・事典は、未知のことばを調べるだけでなく、なんとなく知っていることを、「うまく表現する」ための大いなる助けとなる。例えば、「啓蒙」や「啓蒙思想」ということばは、歴史や倫理の授業で登場するので、「なんとなく」意味を理解している人は多い。そして、この「なんとなく」がヤッカイだ。日々の生活

において、私たちはいろんな事象と出会い、大まかに対象や、そのことばの意味を理解している。知らないわけではない、しかし、「人に説明して」と言われると、うまく言語化できないケースは多々ある。そんなとき、辞書・事典の各項目は、「うまい説明文章」を模索する、あなたの先達となって現れる。辞書・事典の項目執筆者も、「ああ、このことば、どうやって簡潔に説明すればいいんだ」と七転八倒し、その苦闘の結晶が、各々の項目文章なのである。

　例えば、ジャン＝ジャック・ルソーという人について、考える機会があったとしよう。高校時代の倫理や世界史で、確か名前が出てきた人物である。社会契約について書いた人、教育学の古典で名前が出てくる人など、断片的なイメージは浮かんでくるかもしれない。とりあえず、『啓蒙思想の百科事典』（丸善出版、2023年）を取り出して、「ルソー」の項を引いてみる。その冒頭では、ルソーがフランス啓蒙の「代表」的存在なのか、フランス啓蒙の中でも異彩を放った「異端児」であるのか、そもそも啓蒙思想の枠内でくくれない「異物」なのか、位置付けの難しさが語られている（248頁）。読み進めると、『エミール』と『社会契約論』が、ルソーの主要著作として触れられる。最後に、『告白』という自伝的作品から、ルソーとは何者かを語る、その迷宮性が言及されている。一連の記述を読み進めていく中で、ルソーを語る上での取っ掛かりとなる本、関連するキーワードが見え

てくる。もちろん、その記述内容に満足して、項目の一部を引用して使ってみることも、その説明に不足を感じ、「自分ならこんな感じにまとめるかな」と、現存する項目説明の盲点を探ってみることもできるだろう。辞書・事典は何かを書く際の、対話相手、乗り越えるべき先達なのである。

　検索エンジンを用いた情報探索は、調べる人の頭に「キーワード」が浮かんでいないと始まらない。自分が調べたい領域／テーマについて、どんな構成要素があるのか、漠然とアイデアがないと、デジタル検索はその真価を発揮できない。これに対して、辞書・事典の目次を見れば、各項目が、当該分野の主要エレメントを表している。辞書・事典は、あるテーマについて、その全体像を体系的に「一摑み」するツールとして、依然としてパワーがある。

　辞書・事典の読み方は一つではない。未知の単語、初見の用語と出会ったとき、これらをゼロから理解するために、辞書・事典を引く。なんとなくは知っている「ことば」だけれど、自分が説明する側に立った際、どう解説すればいいか、記述のモデルを求めて辞書・事典を引く。そもそも、その用語だけでなく、その用語が属している「分野／テーマ／主題」そのものを知らないとき、これらの全体像、その中における個々の用語の位置を捉えるため、辞書・事典を引く。こうした実用的な辞書・事典の使用に加えて、これらを用いた「遊び」方も試し

てみてよい。フツーの物語と違って、辞書・事典は最初から最後まで、すべてを読む人はなかなかいない。通読が前提とされない珍しい文芸ジャンルなのである。用がなくても、たまたまめくったページで、目についた項目をざっと読んでみるのも楽しい。動物園のブラブラ歩きと同じで、意外な項目とぶつかることがある。何かと遭遇するため、思いもかけないアイデアとぶつかるため、閃(ひらめ)きの触媒として辞書・事典を読むのも一興(いっきょう)だ。

①わたし自身の出発点、この一冊
日本 18 世紀学会編『啓蒙思想の百科事典』東京：丸善出版、2023 年

本書にはわたしも書き手として参加し、辞書・事典について、その恐ろしさ・愛(いと)おしさを考えるきっかけとなった。「南洋」の項目を執筆した際、「事典の説明文章って、自説を展開する論文とも、寄り道が許されるエッセイとも違い、まったく独自の執筆作法が必要なんだ」と大いにビックリし、完成まで苦しめられた。ページを開くと、懐(なつ)かしくもほろ苦い思い出が蘇(よみがえ)ってくる。

　事典全体の目次を眺めてみると、「ヒューム」や「ルソー」といった人名項目、『ロビンソン・クルーソー』や『国富論』といった書名項目以外にも、「え、こんなものも入っているの」と意外なキーワード、謎なことば

との出会いが楽しめる本である。例えば、「プライヴァシーの誕生」項目には現代世界とのつながりを感じるし、「ガストロノミー」項目は食の話でお腹が空いてくる。「動物磁気」項目や「地下文書」項目は、なんとなく、暗闇の怪しげな魅惑を感じる。こうした項目に混じって、「気球」を主題としたコラムもあり、ほんわかした気分にもなれる。18世紀研究者たちの（血と汗と涙が混じった）努力の結晶たる本書、ぜひお試しあれ！

②「18世紀の辞書・事典フィーバーに飛び込む」ための三冊

鷲見洋一『編集者ディドロ：仲間と歩く「百科全書」の森』東京：平凡社、2022年
井田尚『「百科全書」：世界を書き換えた百科事典』東京：慶應義塾大学出版会、2019年
串田孫一責任編集『ヴォルテール　ディドロ　ダランベール』東京：中央公論社、1980年

18世紀は啓蒙の時代だ。人々は言葉や図表を使って、人間世界・自然世界を体系的に理解し、さまざまな現象／文物を秩序立て、記録整理しようと奮闘する。こうした啓蒙の情熱と、辞書・事典というジャンル（あるいは思考枠組みそのもの）は、極めて相性がいい。18世紀の世界を見渡すと、世界のあちこちで辞書作り・事典編纂

に打ち込んでいる人々が見つかる。イギリスではサミュエル・ジョンソンが、独力で『英語辞典』を完成させ、フランスではドニ・ディドロとその仲間たちが、途方もない巨大プロジェクトとして『百科全書』を企画構想している。すべてを集め、並べ、解釈して秩序を与えるというのは、とてつもない情熱を帯びた野望である。こうした18世紀の試みを語ろうとすれば、必然的にその研究書／概説書は分厚いものになる。まずは鷲見洋一の『編集者ディドロ』を手に取って、そのアツサ（厚さ、熱さ、そして「圧」さ）を感じてほしい。

③「辞書・事典への見方が揺さぶられる」この三冊
フロベール『紋切型辞典』小倉孝誠訳、東京：岩波書店、2000年
宮本孝正『阿修羅の辞典』東京：みすず書房、2001年
赤瀬川原平『新解さんの謎』東京：文藝春秋、1996年

辞書・事典とは、特定の分野やテーマについて、重要度の高いものを項目化し、専門家たちが納得する共通合意を、一般読者に向けて公平に、簡潔にまとめたものであると、フツーは表現できそうだ。しかし、こうした辞書・事典の「お約束」を書き手がちゃぶ台返しする試み、

あるいは、読み手が引っかき回す「遊び」は、さまざまな本に見られる。フロベールの『紋切型辞典』を開けば、あらビックリ。アイスクリーム屋の項目では、「みんなナポリ生まれ」と説明があり、建築家の項目は「みんな愚か者」という文言から始まる。当時の人々の偏見をアイロニックに収集整理しており、毒気のある短文説明にヒヤッとした気分になる。宮本孝正の『阿修羅の辞典』は、「一瞬法師」（一寸法師ではない）や「諸神忘るべからず」（初心ではない）といった、一般に流布していないことばが、項目化されている。赤瀬川原平の『新解さんの謎』は、『新明解国語辞典』を人に見立て（＝「新解さん」）、その項目と説明文にツッコミを入れていく、愉快な読みの試みである。

　こうした書籍を並べていると、辞書・事典をめぐるジョーシキが、なんだか遥か彼方へと追いやられていく。辞書・事典の文章は、多くの場合、至極真面目に書かれているが、よくよく見れば不思議な記述、めちゃくちゃに見える箇所も実はあったりする。辞書・事典のチャーミングさに気づかせてくれる本となっている。

# ❽　並べる／編む

発想に行き詰まったら、手持ちの本を並べてみよう。本棚は発見の空間である。どんな本がお隣さん同士になるか、そのときの気分まかせ、あるいは自分の「これだ！／これか？」という感覚を信じてみる。とりあえず、同じ筆者の本をまとめてみるのもいい。書き手の持つ「考え方のクセ」や、ことば選びの特徴が見えてくる。

　例えば、哲学者である山内志朗の著作を並べてみる。とりあえず、私の手元では『〈つまずき〉のなかの哲学』（2007年）、『「誤読」の哲学』（2013年）、『わからないまま考える』（2021年）、『自分探しの倫理学』（2021年）の四冊が見つかった。本の大きさは大体同じで、分量がスリムなことにもホッとする。哲学書というと分厚く、重く、怖いイメージがあり、その重厚な気迫にドギマギしてしまうが、山内さんの本に威圧感はなく、手に取りやすい印象だ。並んだタイトルを眺めていると、「つまずき」や「誤読」、「わからない」など、フツーの学びではネガティヴな響きを伴うことばたちが、思考の出発点として置かれている。世間的にはマイナスと見られるものに、プラスの価値を見つけるのが、筆者の流儀なのかもしれない。もちろん、具体的に何が書かれているのか

は、ページを開いてみないとわからない。本棚配置のプロセスは、ちょっとした想像や推理、場合によっては妄想が膨らむ時間である。

　山内さんの著作並びを見ていると、彼の発想がどこから来ているか、ちょっと気になってくる。『「誤読」の哲学』の副題は「ドゥルーズ、フーコーから中世哲学へ」となっているので、かなり広大な時間軸でヨーロッパの思想を読み込んでいる人、という印象を受ける。他に彼の著作がないかと、自分の部屋をゴソゴソ探すと、『シリーズ・哲学のエッセンス　ライプニッツ』（2003 年）が出てきた。これも 120 ページ前後の本で、ライトな量に一安心する。比較的早い時期に出た書籍なので、彼の思考の源泉には中世哲学や現代思想だけでなく、ライプニッツがあるのかな、とも想像／妄想が広がる。

　書籍を並べ替えていると、本そのものよりも、それを支える本棚に、興味が移る人もいるだろう。本のデザインや出版市場、図書館などの知的インフラについて論じる研究があるのだから、もちろんその隣には、本棚にまつわるリサーチも存在する。池田栄一訳のヘンリー・ペトロスキー『本棚の歴史』（白水社、2017 年）などは、そのものズバリだ。発想を促し、思考を整理するためのツールとして、本棚のかたちやバリエーションはみんなの注目の的である。

① 「本棚の魅惑と怪しい輝き」に引き込まれる四冊

立花隆『立花隆の書棚』東京：中央公論新社、2013
　　年

クラフト・エヴィング商會『おかしな本棚』東京：朝
　　日新聞出版、2011 年

田口久美子『書店繁盛記』東京：ポプラ社、2006 年

―――『書店風雲録』東京：本の雑誌社、2003 年

本棚は生きている。棚の主が新たな本を加えたり、新た
なテーマに沿って本を並び替えたり、時には置物や写真
が飾られ、棚がおめかしされたりする。「人の本棚を見
てみたい！」という欲求は、多くの人が抱くようである。
雑誌や書籍の企画でも、著名人の本棚探訪というコーナ
ーを時折見かける。その中でも『立花隆の書棚』は圧巻
だ。彼の仕事場である「ネコビル」の地上 3 階、地下 2
階、そして屋上と階段に詰め込まれたテーマ別の本棚た
ち、さらには、ビルからあふれた本のための書庫の様子
が、薔田純一の写真と立花による文章によって体験でき
る。

　持ち主のキャラクターを感じる本棚もあれば、奇想天
外な本棚もある。「ドラえもん」のどこでもドアのごと
く、本棚はふしぎな世界への扉になることも。意表を突
かれたい人、頭の体操を求める人は『おかしな本棚』を
開いてみよう。その内容はタイトルを裏切らない。例え
ば、「読めない本棚」のコーナーには、挿絵のみが抜粋

された本文がない「画譜」、チェコ語で書かれた外国の本、一定の時間が経つと浮かび上がる、特殊インクで刷られた本などなどが並んでいる。「年齢のある本棚」では並んだ本について、その著者が何歳のときに書いた本なのか、それぞれ解説がついている。棚の主は、年齢で区分けされた本棚を夢想しているらしい。例えば、「さまざまな時代の二十歳が書いた本だけが並ぶ」コーナーといったように（47頁）。

②「編集の知と発見術を学ぶ」ための五冊

外山滋比古『外山滋比古著作集4：エディターシップ』
　　東京：みすず書房、2002年

松岡正剛、ドミニク・チェン『謎床：思考が発酵する編集術』東京：晶文社、2017年

松岡正剛『理科の教室』東京：KADOKAWA、2018年

臼田捷治『工作舎物語：眠りたくなかった時代』東京：左右社、2014年

佐々木能章『ライプニッツ術：モナドは世界を編集する』東京：工作舎、2002年

並べる行為は閃きを生む、発見の術である。何をどう並べるか、事前にプランがあって、そのイメージをかたちにすることも、えいやっと並べてみた中に、「隠れたつながり」や「偶然の結合」を事後的に見いだすのも、一

人一人の職人芸である。編集の知とは、（並べる・編むという）具体的動作によって示される、創造的な思考のプロセスである。英文学者の外山滋比古は、学術雑誌のエディター経験を介して、編集が「新しい価値を生み出す」力だと思い至る（355頁）。出版世界で黒子だった編集者が、固有の知を持った存在として、クローズアップされていくさまがうかがえる。編集は、プロによって担われる専門作業であると同時に、私たち誰もが日常生活で行っている創造プロセスの一類型なのである。松岡正剛は編集工学を旗印に、組み合わせの理論と実践に奮闘する。文理の境界を脇に置いて、自然科学のことばを、文芸世界の語りと並置してみる。『謎床』では、情報をめぐる遭遇と結合が語られ、『理科の教室』ではブック・レビューの形式をとって、科学と人文を交差する書物たちが列挙される。

③「博物学の思考にドッブリ浸かる」ための五冊

バーバラ・M・スタフォード『ボディ・クリティシズム：啓蒙時代のアートと医学における見えざるもののイメージ化』高山宏訳、東京：国書刊行会、2006年

高山宏『ブック・カーニヴァル』東京：自由国民社、1995年

日高敏隆『日高敏隆選集7：帰ってきたファーブル』

東京：ランダムハウス講談社、2008 年

荒俣宏『妖怪少年の日々：アラマタ自伝』東京：角川
　　書店、2021 年

オリヴァー・サックス『タングステンおじさん：化学
　　と過ごした私の少年時代』斉藤隆央訳、東京：早
　　川書房、2016 年

　モノをどんどん集めて、その並びに創意を凝らし、新た
な意味を作り出したり、隠れた「知のつながり＝思考の
系譜」を可視化したりする。こうした創造的活動の対象
は、本だけにとどまらない。読者のみなさんも子供時代、
石や貝殻といった自然物、あるいはおもちゃや文房具な
ど、身近なもののコレクションに、ハマったことがある
はずだ。収集・整理・陳列への情熱は、人間が存在する
ところ、さまざまな形で具現化されている。18 世紀の
ヨーロッパを眺めてみると、こうしたパッションが結晶
化し、博物学（ナチュラル・ヒストリー）なる学問を生み
出している。こうした時代の「知の混ざりっぷり」を肌
で感じたければ、バーバラ・M・スタフォードの『ボデ
ィ・クリティシズム』がオススメだ。訳者の高山宏はこ
うした 18 世紀のスピリットを憑依させ、自分の筆運び
にも応用する。その遊戯する精神は『ブック・カーニヴ
ァル』で、「並べるの、好きッ！」（第 10 章タイトル）と
いう叫びに凝縮されている。

　学問の近代化に伴って、自然探究の領域は細分化され、

活動内容も収集から実験へ、その手法は陳列・記述から分析・一般化へとシフトしていった。博物学は近代学問の「ご先祖さま」的存在となり、現代の学問分類には「現役選手」として含まれていない。現代の学問は一般法則を求め、探究の対象を区分・限定し、切り分けたものについて分析・解釈を行う。博物学は個々のものが持つ「違い」に魅（み）せられ、収集・陳列行為によって、世界の多様性を全体的に記述しようとする。両者の知的ベクトルは真逆（まぎゃく）なのだ。「博物学とは何ぞや？」と問いたくなったら、日高敏隆の『帰ってきたファーブル』を探してみよう。学問というのがどんな営みなのか、その前提や活動が、時代によってどう変わってきたのかが一望できる。

　知の細分化に抗して、博物学に飛び込む探究者もいる。妖怪を語り、古今東西の書物を買いあさり、街歩きで変なモノを探し集め、『世界大博物図鑑』（平凡社）を編集した荒俣宏は、その代表的巨人である。彼の自伝『妖怪少年の日々』を開くと、日本で博物学的関心が花開いていく熱気、そのリヴァイバルの過程に立ち会える。とりわけ、その第8章「もとめよ、さらば見出さん」には、博物学的な知のスペクタクルが広がっている。日本からイギリスに目を転じれば、医師のオリヴァー・サックスが、金属や鉱石に心ときめいた、少年時代について語っている。彼の『タングステンおじさん』を読むと、自然世界を解明するワクワクと、想像力の飛翔にウットリす

ることの交差ポイントが、各章で登場する。まさに、総
合の経験に近づく一コマだ。

# ❾ 喋る／聞く

おお、ページを読み進めていたら、何か見つけた。そんなあなたの大発見、胸に仕舞い込んでいたらモッタイない。あなたの読書体験、探検の収穫、そこでの閃きなどなど、誰かと会って話してみるといい。本は人同士をつなぎ、人は本同士をつなぐ。「ここオモシロいよね」といった本トークから、あなたは誰かと仲良くなるかもしれないし、普段は見えない相手の一側面を知るかもしれない。愉快に見える友人が、意外とドス黒い人間観に惹かれていたり、普段は口数の少ない隣人が、SFになると超多弁になる様を、あなたは目撃するだろう。どんなに平板に見える人でも、それぞれの歳に応じた人生があり、その体験に沿った人間的複雑さがある。本について語ることは、自分について語ること、本について聞くことは、相手を知ることにつながっている。

　翻って、誰かとのおしゃべりは、あなたが選んだ本について、あなたの知らない側面を示してくれるかもしれない。一人の人間が複雑なように、一冊の本だって奥行きがある。イジワルに見えて親切な人がいるように、愉快なストーリーの背後に悲しみが隠れている物語もある。一人の目で見える物語の風景は一つ、二人の目で見れば、

その光景は倍になる。本を介して人と出会ったように、人を介して既知の本と出会い直すことができるのだ。

　大学における少人数授業やセミナー・クラスと呼ばれるものは、本について語り、その読書体験を「シェア」するところに、その本義がある。もちろん専門分野や先生の教育理念によって、こういった場の運用や、そこでのコミュニケーションのあり方は変わってくる。ともあれ、書物の森で遭遇した発見・体験を、一人の中に閉じ込めておかない、そこには共有すべき価値がある、という学びの原風景が感じられる。

　本について語る際、何か絶対的に守るべきフォーマットはないので、気楽にいこう。「話す」という営みは、多様で重層的だ。本をめぐるトークが、すべてディベートやプレゼンテーションと化す必要はない。「こうやってやらないとダメ」と、ルールでガチガチになった会話は窮屈だし、何より楽しくない。相手がこちらの本を知らなければ、内容を要約したり、ここがおもしろいというポイントを伝えることは大切だ。他方、本の要約コンテストや、セールス・トークをしているわけではないので、伝え方のうまさについて「競争」が始まると、ちょっとしんどい。

　本もいろいろ、トークの目的もいろいろである。「こんなにオモシロい本だから、あなたにも読んでほしい」と、相手に何かを薦めたいのかもしれない。読んでいる本が消化不良で、「なんかモヤモヤするぞ」と、話すこ

とで自分の頭を整理したいのかもしれない。本の特定の箇所について、「わたしはこう考えたけど、あなたはどう思う？」と、解釈や分析の違いを交わしたいのかもしれない。あるいは、理知的に何かを意図しているのではなく、ただただ「この本の○○が××だ」と、読書体験の衝撃に突き動かされて、熱に浮かされたように、ことばが口からあふれ出ているのかもしれない。会話のスタイルも、目的も、進め方も、いろんなバリエーションがあっていい。

　意見がぶつかるのはオモシロいことだ。日々の生活では、衝突は避けるべきだし、喧嘩になったら大変だけど、「私は私、あなたはあなた」だけでは、すべてがボンヤリしてしまう。本の世界では、日常生活からちょっと離れて、何かを言い合うスペースがある。まあ、実生活とは関係ない主題が多いのだし、まずは思ったことを「ことば」にしてみる、相手に投げかけてみることから始めるのはどうだろう。解釈や分析に優劣をつけることはできる。ただ、読書は競争ではないし、相手を打ち負かしたり、意見の順位付けが目的となるのは不毛だろう。本をめぐるおしゃべりで、見解の衝突は「解釈の洗練」や「分析の深化」の原動力となる。刺激がなければ、動きはない。動きがなければ、読書体験は形になっていかない。安心してぶつかり合える、そして競争が自己目的化しない、「共に読む友」（＝トモによむトモ）が文芸共和国には必要だ。

友を見つけるには時間がかかる。偶然のパワーも必要だ。いろいろ「会話」の魅力を語ってきたが、そもそも話す相手がいない、という人もいるだろう。そんな場合は、自分以外の人たちの「本をめぐるおしゃべり」に耳を傾けてみるのはいかが？　日本語の文芸世界は座談・対談好きである。再び図書館や書店へと出掛けてみれば、対談集や座談集など、書棚でワンサカ見つかるだろう。

①「愉快な読書の声が聞こえる」六冊
丸谷才一、鹿島茂、三浦雅士『文学全集を立ちあげる』東京：文藝春秋、2006 年
森毅『ゆきあたりばったり文学談義』東京：日本文芸社、1993 年
森毅、安野光雅『対談　数学大明神』東京：筑摩書房、2010 年
中村雄二郎『中村雄二郎対談集　対話的思考：好奇心・ドラマ・リズム』東京：新曜社、1999 年
鶴見俊輔『期待と回想』東京：筑摩書房、2022 年
青山南編訳『パリ・レヴュー・インタヴューⅡ：作家はどうやって小説を書くのか、たっぷり聞いてみよう！』東京：岩波書店、2015 年

丸谷才一は、とにかく楽しそうに喋る。日本文学でイメージされる、私小説のドロッとした自分語りとは違って、

さっぱりスッキリした座談スタイルが魅力である。本を語る際に、独断や偏見が入ると、自我の押し付け合いになって窮屈だ。他方、客観的コメントを掲げると、何をすれば「客観的」なのか迷路に嵌まって困ってしまう。適度な「好きっ」と適度な「分析的目線」の配合で、本について語る場の成否が決まる。成功のための教訓はあるが、公式はない。しゃべりの達人のバランス感覚に学ぼう。森毅の対談は、数学の話題が落語のように聞こえる。話芸の一種みたいなものだ。数学が好きなのと、数学のテストが好きなのは、実は意味が違う。後者がダメでも、森毅の語りに耳をすませていると、前者を感じる機会が開けてくる。

# ❿　休息する／中断する


「よっしゃ、やるぞ」と読み始めるには、エネルギーが
必要だ。何かをスタートするためには、打ち上げの勢い
が欠かせない。同様に、あるいはそれ以上に、どのタイ
ミングで読み終えるかもモンダイだ。夏休みの宿題と違
って、愉しみの読書には「締め切り」がない。最初から
最後まで、一気に読み進めても、毎晩ちょこちょこ読ん
でいくのも、読書をするあなたの思いのままだ。目の前
に積まれた本たちが、消化すべき「ノルマ」になっては
苦痛である。読書は競争でもなければ、トレーニングで
もない。もちろん、毎日、定期的に活字を追っていれば、
読むスピードは上がっていくし、「今日は読もうかな、
やっぱりやめようかな」というグズグズも、習慣化によ
ってなくなっていくだろう。しかし、愉しいはずの読書
が、日々の修練になっては本末転倒である。苦行として
の読書は、試験のための勉強にとっておこう。

　読書とは、五感をフルに使った身体活動だ。運動には
必ず休憩が入る。休むことも含めて、アスリートの仕事
と言える。したがって、全身でことばを感じる「読む
人」も、休むことを含めて「読書」なのだ、と考えてほ
しい。休息タイムは、実のところ、創造的な時間である。


66

ページを追っている間、あなたの頭の中には、新しいアイデアや言語表現が、絶えず流れ込んでいる。このことばの雪崩（なだれ）は、愉快なスペクタクルだし、あなたの五感にとって大きな刺激となろう。ただし、絶えず何かが「イン」している状況では、思考がそのまま流れ「去って」しまう。どこかで流入物をストックし、頭の中で組み替える「間」が必要なのである。休息というインターバルの中で、筆者による「他者のことば」が、頭の中で流動変化し、読者である「あなた自身の思考」へと熟成していく。

　休息ポイントの目安は、あなたがどんな本を読んでいるかにも左右される。読み手側の事情もあれば、本側の特徴もある。読書のテンポは、この相互作用で進んでいく。例えば、イマヌエル・カントの分厚い哲学書を、一気に読み切るというのは、なかなか難しそうだ。数学の証明を理解するように、行きつ戻りつ、少しずつ進んでは休む、というペース配分がよさそうに見える。もちろん、哲学書でも勢いでガンガン進み、休みなしで一気にゴールする、という読み方が効くものもある。ジル・ドゥルーズの著作など、その類（たぐい）かもしれない。発想のすごみ、ことばの推進力によって、理解よりもより早く、ページをめくる手が進んでしまう哲学書もある。ジャンル変わって、エッセイや短編小説は休むポイントが見つけやすい。一冊の中に、複数の作品が詰まっているので、毎晩一作ずつ楽しむもよし、一つの文章の途中でストッ

プしてもよし、である。

①「中断の効用、休息が生むリズム」を考える四冊
河合雅雄『学問の冒険』東京：岩波書店、2012 年
河合隼雄『河合隼雄自伝：未来への記憶』東京：新潮
　　社、2015 年
古井由吉『半自叙伝』東京：河出書房新社、2017 年
梅棹忠夫『行為と妄想：わたしの履歴書』東京：中央
　公論新社、2002 年

研究者や文筆家というと、いつもバリバリ机に向かい、
絶えず文章を生み出すイメージがある。本を何冊も執筆
した人は、どれほど強健なのだろうと思うわけだが、自
伝を開いて足跡をたどると、病弱で長く寝込んでいたり、
人生の重要な局面で中断・後退に苦しんだりと、空白の
期間が必ずある。霊長類の研究をする河合雅雄は、研究
の仕上げでよく吐血する。河合隼雄は、当初数学を専攻
し、周囲の才能に圧倒されて、迷走期間が続く。古井由
吉は歯痛に襲われ、書く気を喪失する。梅棹忠夫は、こ
こぞの学術探検のタイミングで、病床に伏せる。こうし
た休息・中断の経験が、彼らの知的飛翔(ひしょう)に新たなリズム
を加えていることに、自伝を読むとハッとさせられる。
偶然は思わぬ創造を生む。病気や疲弊による意図せぬリ
タイアや、体力不足による脱落も、それが偶然の出来事、

自分の意志でコントロールできない事象という点で、長期スパンでは意味を持つこともあるのだ。休息の中で焦（あせ）っている若者よ、ゆめゆめ絶望するなかれ！

# ⓫ 忘れる／思い出す

　私たちは何を忘却するか、自分で選ぶことができない。ふと気がつけば、何かをどこかで「心の引き出し」の奥底へと、しまい込んでいる。何かを覚えること、暗記することは、意志の世界の範疇にある。「よし、頑張って覚えるぞ」と張り切れば、その分だけ、頭の中に何かが刻み付けられていく。反対に、何かを忘れることは、意志の世界の外にある。「これを忘れるぞ」と力めば力むほど、対象は強く意識され逆効果だ。「読む人」とはことばに対して情熱的でありつつ、不随意の世界に身を委ね、その流れを楽しむ者である。

　忘却という現象は、我々にとって嘆くことでも、マイナスに捉えるべきことでもない[3]。私たちは忘れるからこそ、一冊の書物を何度も楽しむことができる。忘却によって、物語と出会い直し、新たな関係性を「ことばの世界」と取り結ぶことができるのだ。また、何かを忘れることは、何かが自分の中から「消え去る」ことではな

---

3）忘却は政治的・社会的意味を持つので、「忘れないで！」という方向性の議論が多い。文化的な文脈で忘却の創造性を語ったものとして、外山滋比古の『忘却の力：創造の再発見』（みすず書房、2008年）のあとがきがある。当該書はエッセイ集なので、タイトルからイメージされるような忘却の体系的論述ではなく、各エッセイはタイトルと直接的関係を持たない（ものがほとんどである）。

い。それは自分の意識対象から外れただけで、私の内側のどこかで眠っている。何かしらの外的な刺激、内的な衝動、偶然のいたずらによって、忘却された「何か」がひょっこり目を覚ますこともあるのだ。

　もちろん、忘却に抗うことはできるし、「忘れる」というプロセスへの意識的介入は可能だ。忘却の流れとダンスを踊る形で、あるいは忘却という作用があるからこそ、私たちは「書く」ことに向かう。忘れないために、あるいは安心して何かを忘れるために。買い物用のメモを書くことで、自宅からスーパーへの移動中、これから何を買うのか忘れていることができる。したがって、記憶と忘却をめぐる攻防は、テクノロジーをめぐる問題でもある。頭の中にすべてを押し込んでおかなくとも、メモ用紙やノートに記憶の手がかりを置いておくことで、そのきっかけから私たちは、再び「それ」を思い出すことができる。私たちは書くことで、忘れることに抗うとも言えるし、書くことによって安心して忘れる、忘れるために書いているとも言える。忘れること、思い出すことには、ふしぎな二重性、二律背反が同居している。

①「記憶術・忘却術の人類史」を掘り起こす四冊
桑木野幸司『記憶術全史：ムネモシュネの饗宴』東
　　京：講談社、2018 年
根本彰『アーカイブの思想：言葉を知に変える仕組

み』東京：みすず書房、2021 年

田中純『アビ・ヴァールブルク：記憶の迷宮』東京：
　　青土社、2011 年

山本貴光『記憶のデザイン』東京：筑摩書房、2020
　　年

現代の日本に生きていて、記憶力がモノを言う土壇場は、そうそう経験しない。しかし、ちょっと時代を遡（さかのぼ）れば、覚えることは必須のライフ・スキルである。インターネットやデジタル機器の登場以前、何かを検索しようにも、どの本に何が書いてあるのか、あらかじめ「覚えて」いなければ、レファレンス・ブックたちを使いこなせない。ノートにメモをとったり、書類に記録を残しても、どこに仕舞（しま）い込んだか「覚えて」いなければ、手も足も出ない。文学作品や哲学文献を論じようにも、どこに何が書いてあったか、ある程度「覚えていない」と、解釈に必要な文章まで、たどり着くことすらできない。もっと時代を遡れば、紙や筆記用具がない時代だってある。何かを閃（ひらめ）いたり、出来事を記録しようとしても、石などに刻むか、歌や踊りにしてリズムと共に、体にたたき込むしかない。いかに忘れず覚えるか、人々の死活問題として、記憶術は求められてきた。

　桑木野幸司の『記憶術全史』は、紙が希少（きしょう）であった古代世界ではなく、記録手段が十分発達した、西欧ルネサンス期にフォーカスする。この時代の人々は、必要な情

報をメモすること、書いて蓄積することには困っていない。むしろ、古典文献から科学や地理の発見など、膨大に押し寄せる情報を整理し、必要なものを自身に定着する術（すべ）として、記憶術に期待を寄せる（9-10頁）。現代の我々に近い存在として、大量の情報に圧倒される、ルネサンスの人々が描かれる（10頁）。記憶する力とは、もはや過去のものだ、という現代の感覚がさっと反転する。また、本書第3章は「忘却術」がテーマとなっているのもおもしろい。忘れたいけど忘れられない、に苦しんでいるのは、現代の人々だけではなかったのだ。

② 「過去を思い出す／発掘する作業」としての思想史を語る五冊

アーサー・O・ラヴジョイ『観念の歴史』鈴木信雄、内田成子、佐々木光俊、秋吉輝雄訳、名古屋：名古屋大学出版会、2003年

―――『存在の大いなる連鎖』内藤健二訳、東京：筑摩書房、2013年

ミシェル・フーコー『知の考古学』慎改康之訳、東京：河出書房新社、2012年

ステファン・コリーニ『懐古する想像力：イングランドの批評と歴史』近藤康裕訳、東京：みすず書房、2020年

子安宣邦『「事件」としての徂徠学』東京：筑摩書房、

　私たちは「イマ・ココ」を基準にして、時間の広がりを感じている。パソコンを使い始めると、あたかもずっと前から、パソコンと共に生活していたように錯覚する。今、ここにあるものは、ずっと昔からあったような気がしてしまう。グーグルマップがなかった時代、どうやって地図を調べていたんだっけ。生活経験はあるはずなのに、抜け落ちた記憶が思い出せない。逆に、最近生まれたように見えて、ずっと昔から存在しているものもある。忘れ去られた過去を、再び思い出すのは結構難しいのである。

　忘れ去られるのは、モノに限らず、ことばやアイデアも同じだ。ある時代に力を持った概念が、いつの間にか表舞台から消え、その消失に誰も気がついていない、なんてこともある。時間の波に飲み込まれたアイデア、人の知的営み、ことばや書物を掘り返すのが思想史という試みだ。アイデアの系譜を探る探究は、「観念史」（History of Ideas）と呼ばれるけれど、観念＝アイデアなので、わたし自身は「アイデアの歴史」と日本語では表現したい。アイデアの歴史はラヴジョイの試みに始まる。それ以降の展開は、地域や分野によって多種多様である。アイデアを追跡すること、概念や語彙の移ろいをリサーチすること、哲学者や関連する領域の人々の生を語ること、これらを現在はひっくるめて思想史と呼ぶが、思想

史とは何か、どんな方法で何をやるのか、厳密な共通合意があるかを定義するのは難しい。とにかくいろんな人が、いろんな形で、過去のことば・人・アイデアを掘り起こし、哲学や文学、美術や社会学、心理学なども巻き込んで、一つの巨大なフィールドを作っている、という実感を得られれば、まずは上々であろう。

**理論篇**

ヒュームと共に散歩を ...

# **1** 18歳の読書から「18世紀研究」へ

## 1. 飛び跳ねるデイヴィッド・ヒューム

18歳のあなたは、大学キャンパスという「イマ・ココ」で、本を片手に動き出す。じっくり考えること、書物の声に応答することは、ゆっくりと動く経験を伴う。時にぎこちなく、時にはなめらかに言葉と戯れることで、自分なりの「読みのプロセス」が立ち上がってくる。あなたが身につけた「読みの動き」は、まったく別の人の「読みの動き」とシンクロすることもある。この同期現象は、クラスメイトやゼミの先輩など、同じ場に生きる人と体験することもあれば、まったく時空間を異にする人とシンクロする場合もある。

　本書で提示した「読みの動き」たちは、実のところ、デイヴィッド・ヒュームなる人の「思考の動き」と共振している。ヒュームは18世紀のヨーロッパに生きた、スコットランド人の文筆家だ[4]。彼はエジンバラに学び、

---

[4] ヒュームの生涯については、James A. Harris, *Hume: An Intellectual Biography*（Cambridge University Press, 2015）を参照のこと。文の人ヒュームという点については、E. C. Mossner, *The Life of David Hume*（Oxford University Press, 1980）が探究の出発点になる。哲学史におけるヒュームの一般的位置付けを知りたければ、ナイジェル・ウォーバートン『若い読者のための哲学史』月沢李歌子訳（すばる舎、2018年）が読みやすい。

ロンドンで出版の情熱に燃え、パリなどヨーロッパ大陸に旅に出かけた。書くこと・読むことが芯となった、文芸世界の知的探究者である。彼は躓く人である。「人間本性」の体系的解明を目指し、「人間の学」を構想するが、うまくいかない。学の基礎付けを目指して「懐疑」を徹底すると、哲学的思考の脆弱さが露呈し、何が依って立つべき足場なのかわからなくなってしまう。また、自身の知的情熱が、読者たちに響いていないことにもショックを受ける。彼は読み手を魅了するため、先行する哲学者たちの声をアレンジし、エッセイの連作として並び替える。写し、書き換え、編集するのがうまい人なのだ[5]。

　本書の語りで、あなたの思考が躍り出したのなら、ヒュームのリズムに誘い出されているのかもしれない。彼の文章は、アイデアそのものに加えて、語りのリズムがおもしろい[6]。経済思想史を研究する坂本達哉は、ヒュームの著作を「あまりにも面白い」古典として、「特別な感慨」を持って紹介している[7]。ヒュームの文章を読んでいると、それを崇めるというよりも、「首をかしげ」

---

5) アレンジの達人というヒューム像は、犬塚元の『デイヴィッド・ヒュームの政治学』（東京大学出版会、2004 年）に大きく依拠している。犬塚が当該書で強調するように、ヒュームの政治思想は自らの新しさではなく、先行する伝統との連続性を示す形で展開されている。
6) ヒュームの散文に関する具体的な分析は、若澤佑典「デイヴィッド・ヒュームという名の劇場：『人間知性研究』の文学的読解」（2023 年）を一読してほしい。『慶應義塾大学日吉紀要：英語英米文学』（77 号）の 143-67 頁に収録されている。
7) 『ヒューム　希望の懐疑主義：ある社会科学の誕生』（慶應義塾大学出版会、2011 年）の 15 頁を参照のこと。

つつ、ツッコミを入れたくなってくる（16頁）。あたか
も本人が時空間を超えて「目の前にいる」気分になり、
「対話」としての読書が広がっていく（16頁）。

> ヒュームとの対話は、読者に進むべき方向や最後
> になすべき選択を明確に示してくれることはない。
> 哲学でも社会科学でも、かならず最後にどんでん
> 返しがある。そうかと思って読み進めると、あっ
> さり裏切られるのである。希望と懐疑と絶望と励
> ましが、繰り返し読者を襲ってくる。それを繰り
> 返しながら、読者は自然とヒュームの意見とは別
> の、自分自身の考え方を鍛えられることになる。
> 最後は自分自身の選択をするようにと、ヒューム
> に迫られているようである。もしもヒュームが
> 「古典」であるとすれば、それはじつに変わった
> 「古典」だと言わなければならない。（17頁）

学術研究者は対象から距離をとり、クールに事象を分析
するのが常である。ヒューム研究の大家である坂本が、
真っ正面からヒュームの魅力を語る、そのアツさに面食
らった読者もいるかもしれない。また、そのアツさとは
ヒュームの思考を神格化したり、陶酔的にテクストの権
威を語るものでもない。ヒュームのテクストに満ちた情
熱、そしてそれを追う読者のアツさとは、先人との対話
の中で、自らの声＝思考を生み出そうとする探究者の熱

なのである。もちろん、彼の『ヒューム　希望の懐疑主義』は精緻な思想史的考究であり、社会科学の始まりを冷静に問うたものだ。ただし、「いまなぜヒュームか」というビッグ・クエッションを正面に据え、「二者択一的思考」から抜け出る「希望」を語る態度は、全体を通底している（11、13、17頁）。落ち着いた正面衝突、冷静な情熱、愉快な真面目さと言うべき、オクシモロン（形容矛盾）すれすれの知的態度が、ヒュームのテクストと読者の応答関係から立ち現れてくる。

## 2. 愉快なヒューム研究（者たち）

　坂本に見られる読みの態度は、ヒュームを読む人々に、ある程度行き渡ったエトスとも表現できる（かもしれない。もちろんいろんなヒューム研究があり、いろんなヒューム読者がいる）。ヒュームについて語る研究者は冷静でありつつ、どこか愉しげだ。また、日々の生活から地続きのところで、巨大なしかし切実な問いと相対している。例えば、ヒューム『自然宗教をめぐる対話』の翻訳者で、政治思想史研究者である犬塚元は、当該書の訳者解説でその魅力を語る。『自然宗教をめぐる対話』は、「古代ギリシア・ローマ以来の知の蓄積をふまえて、縦横にそれらを批判的に活用」しており、ヒューム思想のヒュームらしさについて、その「理論的成果」と「実践的意図」を「はっきりと（……）わかりやすく伝えてくれる」としている（254-55頁）。

もとより、ヒュームを知るというだけに限らず、そのほかにもさまざまな読み方、楽しみ方が可能である。宗教思想史、政治思想史に限定する必要はない。社会的圧力や制裁のなか、それに屈せずに自説を貫いたことに注目して、マイノリティの迫害やコンフォーミズム（同調圧力）、あるいは、知識人と社会の関係を考える素材にもできる。ああ言えば、こう言い返す、という粘り強い対話と思索の応酬そのものを楽しむこともできる（推敲して読み返す途中で、三人のやりとりに、思わず笑いだしてしまうこともしばしばであった）。（255-56頁）

人と違う立場でものを考え、それを発することの難しさは、ヒュームの時代と私たちの現代社会を地続きにする。「同調圧力」という言葉が示すように、私たちの日々の戸惑いや生活感覚の中で、ヒュームという人の思考が捉えられている。彼の文章の対話的リズム、その誘いに参加することの愉しさが、ここでも強調されている。シリアスな問題を突き詰めつつ、時にニヤリと、あるいは声を出して笑ってしまうような読書体験を、犬塚もまた語っている。「対話と思索の応酬」は、『自然宗教をめぐる対話』の丁々発止（ちょうちょうはっし）なテンポ感を示すものであるだろう。

　日常生活の背後にある問題を、根本的かつ真剣に、し

かし愉快に考える読者の姿は、文筆家ヒュームがまさに意図したものである。社会思想史研究者の壽里竜は、歴史家としてのヒュームを取り上げ、彼の『イングランド史』から一つの狙いを明らかにする。

> 有益かつ興味深いこと、これこそ『イングランド史』全体を通してヒュームが実現しようとしたものであった。この浩瀚な歴史書が、哲学と密接なつながりを保ちながら、そののち多くの読者を楽しませた理由、さらに哲学的側面についてのより深められた理解をもって、今また脚光を浴びるのにふさわしい理由の一つは、おそらくここにあるであろう。(「哲学的精神と時代の精神」272頁)

読むことの中に愉しさを感じること、その愉しさの中から、現実世界の具体的な問題について、シリアスに考える態度が芽生えてくる。この一連のダイナミズムは、書き手としてのヒュームが緻密に作り上げ、計算の中で(しかし読者がヒューム崇拝者とならないよう、その権威性に留意しながら)演出されたものである。愉快で真剣な文筆家ヒュームがおり、その練り上げられたシンプルな文章を前にして、落ち着いて情熱を傾ける、愉しげなヒューム研究者(という読者たちの一群)がいる。私たちは、三人のヒューム論と相対することで、ヒュームのテクストをめぐる「愉快な知の連鎖」を目撃しているのである。

## 2  啓蒙の地平とキーワード思考

### 1. リベラル・アーツと啓蒙の地平

わたしたち研究者は日々、二つの世界と共に生きている。一方で、研究の前提を共有し、専門語彙を用いて会話する、「同業の学術集団」に拠った世界がある。他方で、専門知識を持たなかったり、違った前提で思考する人たちと出会う、「知の交差点」とも言うべき世界がある。この遭遇の場が、リベラル・アーツと呼ばれる空間である。ここで研究者は、自らの知見や発想を、普段とは違ったフォームで語ることになる。自身が「これはとってもおもしろいぞ」と思っているテーマについて、未知の相手は、まったく興味がないかもしれない。相手の興味関心と自身の学問領域に、接点を見つけねばならない。また、同業者との交流では「当たり前だ」と考えるものが、まっさらな他者を前にして「自明とは言えないな」と、ハッとすることもある。研究者はリベラル・アーツの場において、自身の知の有り様を大なり小なり、揺さぶられる経験をする。

　大仰な言い方ではあるが、知の力は、人の生き方を変える。これは、専門家が非専門家を「教え導く」という一方通行モデルではなく、専門家も非専門家からの応答

84

を介して、自らの語り方や発想のリソースを膨らませるという、「相互変容」のプロセスを意味する。リベラル・アーツの場において、研究者自身、その人の探究方法そのものが「拡大変化」していくのだ。この相互変容も、18世紀の文芸世界の中で、ヒューム自身が経験したものである。エジンバラ大学教授への道が頓挫(とんざ)したことで、彼は出版の世界を拠(よ)り所にし、愉(たの)しみと学びを求める一般読者へと、自身の文章を届けることになった[8]。自分自身の思考を体系的に説明し、相手に納得してもらうだけでなく、読者が文章からあれこれ考え、彼ら・彼女ら自身の発想が喚起される「エッセイ」という思考スタイル／表現形式に、ヒュームは大きくコミットしていくことになる。もちろん、文筆の試みを進めつつ、大学教授や聖職者たちとの交わりも継続している。彼もまた二つの世界に生き、哲学や歴史を知らない人に向けて書くことで、「ヒュームらしさ」を形作る、リズミカルで触発的なスタイルを生み出したのである[9]。

　何かを知っている人、あるいは何かを考えている人が、別の立場の人へ声をかけること、これは「啓蒙」の一場面、とも表現できる。ヒュームが生きた18世紀は、出版メディアの興隆や人的ネットワークの拡大を背景とし

---

8) 例えば、ニコラス・フィリップソン『デイヴィッド・ヒューム：哲学から歴史へ』永井大輔訳（白水社、2016年）を参照せよ。
9) ヒュームには「エッセイを書くことについて」（"Of Essay Writing"）という、エッセイについてのエッセイがある。ここで彼が描くのは、「学問の世界」（the learned world）と「会話の世界」（the conversable world）の活気ある交流の姿だ。

て、知の広域的な循環や越境が志向された「啓蒙の時代」であった。ただし、ここで言う啓蒙とは、特定の哲学者や作家たちが、自らを知の強者として異なる人を弱者とみなし、上から目線で改良を目指すものでは「ない」。啓蒙のプロセスとは、トップ・ダウン的に何かが押しつけられるのではなく、愉しみや学びを求める個々人のミクロな活動が、衝突や融合、その結果としての変容を繰り返すことで、一つの大きな潮流を作っていったものとして、ボトム・アップ的な流れの中にある[10]。

　啓蒙という試みは、知の俯瞰を夢見る。日常生活の中から、学のパーツとなる要素を探し出し、それらの部品からどんな全体が組み上がるのか、想像によって体系を生み出していく。ヒュームにとっての始まりの書、『人間本性論』（*A Treatise of Human Nature*）も、「序論」（Introduction）を繙（ひもと）くと、「人間の学」（the science of man）を「経験と観察」（experience and observation）から構築するという、体系構築への志向が語られている[11]。キーワ

---

10) また、こういったプロセスを、18世紀の人々がどう理解し、その流れをどんな名前で表現していたかは、人それぞれである。そもそもヒューム本人、あるいは彼の友人であるアダム・スミスなどは、「啓蒙」（Enlightenment）という用語は使っていない。イマヌエル・カントのように「啓蒙とは何か」を語った同時代人もいるが、当時の潮流を「啓蒙の時代」と総括する視座は、20世紀後半以降に確立されたものである。例えば、大塚元責任編集『岩波講座 政治哲学2：啓蒙・改革・革命』（岩波書店、2014年）；ジョン・ロバートソン『啓蒙とはなにか：忘却された〈光〉の哲学』野原慎司、林直樹訳（白水社、2019年）を参照のこと。

11) ヒュームのテクストを英語で読んでみたければ、The Clarendon Edition of the Works of David Hume を手にとってみよう。David Fate Norton および Mary J. Norton の編で、*A Treatise of Human Nature*（Oxford University Press, 2007）が出ている。

ード❼引く／調べるで触れたように、18世紀の人々が
辞書や事典へ情熱を注ぐのも、こうした日常世界からの
（等身大での）知の俯瞰（ふかん）と結びついている。キーワード集
という本書の構想も、こうしたボトム・アップ的な知の
あり方から生まれてくるものである。読者が個々のキー
ワードと遭遇し、自分なりのつなげ方を試していく中で、
各自の知の全体像が形作られていくというプロセスに、
本書の試みと18世紀の人々の動きがリンクしている。

## 2. キーワード集の先達（せんだつ）と動詞的思考

特定の学問分野を紹介する「○○概論」や「××入門」
ではなく、リベラル・アーツの大学教師たちが、それぞ
れ全身で知と向き合っている「態度」、その人の中で異
分野の知が融解し、一つの固有世界を作っている様子、
その熱気が伝わる本を書いてみたかった。個々人の体験
に根ざした、書き手の表情が見える「ガクモンの地図」
を企画する上で、キーワード集というフォーマットが有
効であると思われた。キーワード集の先達を見渡すと、
俯瞰的に知の世界を提示しつつ、その書き手の「顔」が
見える、本自体に個性を感じる作品が発見できる。

　中村雄二郎の『術語集・問題群』（岩波書店、1993年）
は、一般的にイメージされる「哲学っぽい」語彙（ごい）を超え
て、仮面や道化、都市など、日々の生活空間を意識しつ
つ、文化・社会・自然を広くカバーするアプローチが印
象的だ。北山修の『意味としての心』（みすず書房、

2014年）は、「解釈」や「直観」、「神話」といった用語に加えて、「あきらめる」や「言葉にする」、「神経をつかう」など、日常生活の中での動きが、項目に加えられておりおもしろい。用語の辞書・事典と言うと、分類の徹底から、体系的で均質な項目の並びになりやすいが、北山の本では「愛しい」の次に「いないいないばあ」の項目が来たり、「劇」の次に「元気」の項が来たり、思いもかけない項目が、時々ぴょっこりと出てくる。中島隆博、石井剛編著の『ことばを紡ぐための哲学』（白水社、2019年）は、考えるためのキーワードを、名詞ではなく動詞で設定している。例えば、「知」ではなく「知る」、「接触」ではなく「触れる」といったように。

　『ことばを紡ぐための哲学』を参考にしつつ、この『文芸共和国の歩き方』も、見出しキーワードは「躓く」や「忘れる」のように、「動詞」で構成した。これは「思考のフォーマット」に対する、密やかな実験だ。通常、考えることは「名詞」に紐づけられている。例えば、「怒る」という動詞は、個人の個別具体的な動作であるが、「怒り」と名詞化すると抽象的な概念となって、一般性の度合いが上がる。動詞は主語を必要とし、他のことばとの関係性の中で、すなわち生活世界の文脈に埋め込まれて、その意味が現出する。名詞はそれ自体で完結しており、日々の経験世界から遊離したところで、イデア的なものとして存在している。流動的な動詞に、静止的な名詞が対置され、日常的な経験世界と普遍的な概念

の世界に対応している。一人称の視点と三人称の視点、という構図にも言い換えられるだろう。考えることは動くことであり、動くことは考えることである[12]。

---

12) リベラル・アーツの場で、「（……）すっと、そっと、静かに、動け」と語り踊ったのは、英文学研究者の武藤浩史である。彼の『「チャタレー夫人の恋人」と身体知』（筑摩書房、2010年）の第1章を参照のこと。

## ❸ ヒューム研究へ「初めの一歩」

### 1. ヒューム研究の活気と
### 「文芸世界」というフロンティア

哲学・倫理学の分野において、ヒューム研究は賑（にぎ）わいを見せている。これは英語圏のみならず、日本でも同様であり、その足跡は中才敏郎編『ヒューム読本』（法政大学出版局、2005 年）や松永澄夫編『哲学の歴史６：知識・経験・啓蒙』（中央公論新社、2007 年）の文献コーナーでたどることができる。近年、日本語で書かれたヒューム研究については、若手研究者による単著の出版ラッシュがめざましい。例えば、林誓雄『襤褸（ぼろ）を纏（まと）った徳：ヒューム 社交と時間の倫理学』（京都大学学術出版会、2015 年）や豊川祥隆『ヒューム哲学の方法論：印象と人間本性をめぐる問題系』（ナカニシヤ出版、2017 年）、萬屋博喜『ヒューム 因果と自然』（勁草書房、2018 年）、澤田和範『ヒュームの自然主義と懐疑主義：統合的解釈の試み』（勁草書房、2021 年）、成田正人『なぜこれまでからこれからがわかるのか：デイヴィッド・ヒュームと哲学する』（青土社、2022 年）が挙げられる。上記筆者五人のうち三人が京都大学の出身であり、当地における研究ネットワークの存在を感じさせる。『人間本性論』

の日本語新訳も、当該大学関係者によって完遂されており、京都は日本のヒューム研究において、一つのトポス（場所）である。

　ヒュームの主要著作については『イングランド史』を除き、大学出版会あるいは大手出版社を中心に、学術的な日本語訳が出ている。関連する研究文献も、翻訳出版がめざましい。ヒュームその人の生涯については、永井大輔訳でニコラス・フィリップソン『デイヴィッド・ヒューム：哲学から歴史へ』（白水社、2016 年）が読める。歴史家ヒュームが主題となっており、『イングランド史』の詳細な分析がある。18 世紀の出版文化を扱うため、文学や文化史に興味がある人、コミュニケーションやメディア論を研究している人にとっても、示唆的なヒューム伝となっている。また、田中秀夫監訳でダンカン・フォーブズ『ヒュームの哲学的政治学』（昭和堂、2011 年）が出版されたことも大きい。政治思想史・経済思想史分野の古典である。フォーブズのヒューム論においても、歴史家としてのヒュームが論じられている。さらに、野原慎司らの訳でジョン・ロバートソン『啓蒙とはなにか：忘却された〈光〉の哲学』（白水社、2019 年）も読めるようになった。ヒュームが生きた 18 世紀の全体像をイメージする上で、よいガイドとなるだろう。

　このように、日本語でもかなり多くの文献が出ている。もちろん、英語の世界にダイビングすれば、さらにもっと多様で大量の「ヒュームをめぐる本たち」があなたを

待っている。ヒューム研究「初めの一歩」として、日本語でヒュームについて読み、日本語でヒュームについて語ることは、上述の知的インフラ整備によって、十分可能な水準に達している。まずは先人たちの営為に感謝しよう。加えて、「日本語で書かれたヒューム文献」と「英語で書かれたヒューム文献」、あるいは「日本で書かれたヒューム文献」と「英語圏で書かれ日本語に翻訳されたヒューム文献」を突き合わせてみることで、日本におけるヒューム研究のフロンティアは何かが、ハッキリと浮かび上がってくる。

　日本で行われるヒューム研究の多くは、「言語・論理・認知」をめぐる哲学・倫理学領域の探求である。上述の若手研究者たちのテーマも、概ねこの枠組みの中にスッポリ入る。『ヒューム読本』の編者も、美学や文芸批評をはじめとして、哲学・倫理学以外のヒューム研究については、今後の発展が望まれる分野であると述べている（「あとがき：ヒューミアンであるとはどのようなことか？」310頁）。分厚いヒューム研究と、手薄なヒューム研究の中間地帯になっているのが、政治思想史・社会思想史分野であり、他分野との連携を意識したユニークで包括的なヒューム研究が生まれている。先述の犬塚、坂本、壽里の研究成果は、こちらのカテゴリーに入る。

　ヒュームのテクストは二つの側面を持っている。一方で、心や感情、因果や推論といった固有の哲学的主題について、専門的な知見を掘り下げる助けとなる。いわば、

スペシャリストのためのヒュームだ。他方で、壽里や犬塚の研究が示しているように、ヒュームのテクストは読者を愉しませ、新たな思考の種を蒔くという、「知の水先案内人」としても大いに活躍している。読者の日常生活の先に学問を置き、さらに異なる知の領域を横断し、橋渡しをするオーガナイザーとしての働きである。こちらは、いわばジェネラリストのためのヒュームと言える。日本において「専門知としてのヒューム」は日々躍進しているが、「総合知としてのヒューム」は周縁的な存在にとどまっている。犬塚が『自然宗教をめぐる対話』を翻訳し、岩波文庫から発信したのも、「読書人」たちの中にヒュームを投げ込もう、という企図が感じられる（「解説」236頁）。

　「面白い散文」を書く人としてのヒューム、学問への第一歩を応援し、思考の枠組みや学問同士の接点を示すヒュームは、リベラル・アーツとの深い接点を感じさせる。ヒュームのテクストは「総合教育」という場に寄与しうるし、「総合教育」の実践がヒュームの読み方を深めていく、という相互作用が潜勢している。本書で探究してきたのは、まさに「総合知としてのヒューム」を、日本語で語ることの可能性である。英語圏の著作物を繙くと、ヒュームを読むことで学問への姿勢が定まったり、インスピレーションを得るという体験は、しばしば語られるところである。例えば、Sarah Tindal Kareem の *Eighteenth-Century Fiction and the Reinvention of Wonder*

（Oxford University Press, 2014）を読むと、学生時代のヒューム体験が、筆者を本研究へと向かわせたことが語られている。Amartya Sen の *Home in the World: A Memoir*（W. W. Norton, 2021）でも、最終章はヒュームやスミスが引用され、グローバルな時代の正義のアイデアについて、若き日の読書体験が語られている。

　イギリスをはじめとする英語圏において、あるいはヨーロッパの知的伝統について、ヒュームという人は一つの文化アイコンである。宗教抗争が未だ吹き荒れる社会にあって、無神論者として自身の文筆活動を完遂し、経済の交換活動に着目することで、人々が穏やかに生きることのできる社会を、グローバルなレベルで思考した、いわば近代世界の立役者である。私たちがイギリスの地に立って英語でものを考える際、イマ・ココを支える基底にヒュームの姿が感じられる。日本においては、こうした文化的コンテクストが共有されていないので、「総合知としてのヒューム」にピンとこなくても仕方がない。

　日本語を用いながら「日常的生の総合的体験」としてヒュームを読む手がかりは、ヒューム研究の本丸からちょっと離れた場所に発見できる。鷲田清一は『「聴く」ことの力：臨床哲学試論』（筑摩書房、2015 年）の中で、物事の個別性・一回性を強調し、「問う者の息づかい」を内包した哲学を模索する中で、「エッセイ」という試みに注目している（36、37-42 頁）。鷲田が立脚するのはアドルノの「反方法主義、反体系のエッセンス」とし

てのエッセイであるが、これと並置する形で、ヒューム
による「橋渡し」としてのエッセイが言及されている
（38、39頁）。鷲田による哲学的散文は、その概念的な
問題提起のみならず、生の一コマ一コマに寄り添う文章
スタイルが、日本語の現代文において注目されている。
高校時代、倫理の授業だけでなく、国語の作品として、
鷲田の文章に出会った人もいるのではないだろうか。そ
んな哲学的散文の探究者である鷲田が、臨床という文脈
の中で、ヒュームを参照するのは特筆すべきだろう。自
らの表現形式を持つこと、日常の中で哲学の声を形作る
実践について、鷲田の日本語におけるプロジェクトと、
ヒューム自身の文筆活動に共振現象が見られる。

　また、ジル・ドゥルーズのフランス現代思想を「イ
マ・ココ」に引き寄せ展開する、千葉雅也の『動きすぎ
てはいけない』（河出書房新社、2013年）や國分功一郎
の『ドゥルーズの哲学原理』（岩波書店、2013年）にお
いても、ヒュームが登場する。そもそも若き日のドゥル
ーズ自身が、ヒュームのテクスト読解から出発している
のだ。かなり意外なところでは、寺山修司が『ポケット
に名言を』（角川文庫、1977年）の中で、『人間本性論』
からの一節を引用している。「人生」という章タイトル
のもとで、「心は一種の劇場だ」というヒュームの有名
な比喩が、シェイクスピアの「人生は歩いている影にす
ぎぬ」とか、メルヴィルの「海、それは自分の心をあり
のまま映し出す鏡だ」といったフレーズと共に並置され

ている（42、43頁）。ヒュームのことばの力は、ズバッ
と短文で物事を捉える、メタファーの力にも見いだされ
る。演劇人としての寺山が、劇場の比喩を語るヒューム
に引き寄せられたのだろうか。日本語の片隅で、しかし
ユニークな出会いが密かに起こってきた。「総合知とし
てのヒューム」を語る立脚点は、あちこちに隠れて存在
している。

## 2. まず何から手をつけるか？
### ：原典へのダイビング方法あれこれ

哲学書は多くの場合、体系的に著述されている。数学の
論証を追うように、冒頭からゆっくりと読み始め、ハッ
キリしない箇所は立ち止まって検討し、時間をかけて最
後まで到達することが王道だ。このやり方を忠実に実践
したい人は、『人間本性論』の第1巻「知性について」
を冒頭からチャレンジするのもいいだろう[13]。『人間本
性論』の「前書き」や「序論」を一読すると、若き日の
ヒュームが「これからデッカい本を書くぞ！」と意気込
む姿（そして、結局その構想は頓挫）が感じられ、文章の
論理性のみならず、その情動性に触れる機会ともなる。
　あなたが思い立って、上記のプロジェクトを完遂でき
たとしたら、類い稀なるヒューム読者として、研究のス
タ―ダムへと駆け上ることであろう。しかし、わたし

---

13）ヒューム『人間本性論　第1巻：知性について』木曾好能訳（法政
大学出版局、1995年）を図書館で探してみよう。

を含め、多くの読者は『人間本性論』の第1部あたり、30ページ程度で本を投げ出したくなるので、そうなっても絶望しないでほしい。「知覚を印象と観念に分けて、だから何なんだ」と夜中に叫びたくなったのは、わたしだけではないはずだ。ヒュームの知的探究は、自身の、そして読者の「挫折」にも優しい。『人間本性論』を冒頭から正面突破せずとも、ヒューム氏の文章に分け入る「きっかけ」は各所にある。また、「つまらない」と感じることも重要な読書体験である。そして、そのつまらなさが、ヒュームと前提を共有していない「知識不足」からくるものなのか、現代世界と18世紀の「時空間の隔たり」に由来するものなのか、あるいは英語の流麗な文章を日本語に変換する「翻訳の困難さ」に起因するものなのか、「つまらなさ」の具体的実態について少し考えてみることが、あなたの読書を深化させる契機ともなる。「つまらない」と思ったものが、時間を置いてみると「おもしろい！」に変わることもある。とにかく気長にいこう。

　『人間本性論』に意欲を挫かれた人は、ヒュームのエッセイ集を眺めて、彼の文芸世界と自身の接点を探ってみるのはいかがだろう。英語版にチャレンジしたければ、オックスフォード大学出版会から『エッセイ選集』(*Selected Essays*) が出ている。読む・書くといった、本書でわたしが取り上げたテーマを掘り下げたければ、「エッセイを書くことについて」("Of Essay Writing") や「悲劇

について」("Of Tragedy")、「趣味の標準について」("Of the Standard of Taste")が取っ掛かりになるだろう。ヒューム研究者たちが言うように、当該テーマについて、読者のあなたが何をイメージし、ヒューム自身が書いていることに、どうツッコむ／合いの手を入れるかが大事である。例えば、「エッセイを書くことについて」を読むと、「学問の世界と会話の世界」(the learned and conversable worlds)の連携が説かれていて、(読書後に、誰かを捕まえて喋りたくなる)わたしなどは、「ウンウン、そうだよね。やっぱり、賑やかなおしゃべりの世界って、知的探究に必要だよね」と同意したくなる。18世紀の英語はちょっと古めかしいが、素朴で簡潔な表現が多いので、文章の雰囲気を感じたければ、恐れずに高校卒業レベルの英語でもチャレンジして欲しい。日本語がよければ、選集ではなく完訳版『ヒューム　道徳・政治・文学論集』(名古屋大学出版会、2011年)を大学図書館で探してみよう。

　哲学史の知を大胆に編集するヒュームが見たければ、「懐疑主義者」("The Sceptic")や「エピクロス派」("The Epicurean")が参考になるだろうし、政治経済について実践的に関わるヒュームであれば、「統治の第一原理について」("Of the First Principles of Government")や「商業について」("Of Commerce")などから始めてみるのもいいだろう。数学が社会分析のツールとなる以前、18世紀の人々が政治や経済を、どんな風に語っていたのか知

る機会にもなる。ちょっと謎めいたタイトルのエッセイ、ちょっと怪しげなタイトルのエッセイもあるのだが、具体的にどんなエッセイが収録されているのか、その内容が本当に危ないものなのかは、あなたがエッセイ集を探して確認してほしい。エッセイ集はバラバラなタイトルの中から、自分なりにいくつかを選び、その中に立ち現れる「思考のかたち」を思い描く、総合の愉しみがある。

ヒュームの文章の対話性、そして語りのリズムを味わいたければ、やはり『自然宗教をめぐる対話』が出発点になる。犬塚元訳（2020年）は岩波文庫から出ているので、お財布にも優しい。犬塚は当該書をヒューム思想入門の書として、さらにはその明瞭さと平易さを前面に押し出しているが、わたしは対話そのものの入り組んだ構造についても、一定の注意を促しておきたい。登場するデメア、クレアンテス、フィロのやり取りは、時にすごいスピードで進んでいく。第11章では、デメア自身が「待った！　待ってください！」（Hold! Hold! Cried DEMEA）と叫ぶくらいだ。全部を理解して読み進めようとすると、途中で頓挫する恐れがある。早口な友人たちの、難解なおしゃべりに隣席するイメージで、意味不明なポイントも含め、疾駆する議論そのものの勢いに振り回される読書体験を、一度味わってみてほしい。

ヒュームの発想の型、彼が読んで書く際、そこに現れる思考の「動き」に肉薄したければ、『人間知性研究』が、読みやすさとおもしろさを備えた書物と言える[14]。

『人間本性論』の第 1 巻を、エッセイの集合体として書き直したもので、各セクションのつながりは比較的ゆるやかである。『人間本性論』では当時の知的トレンドを意識し、学問体系の構築を目指していたヒュームが、自身の思考スタイルをだんだん自己了解し、エッセイ的な哲学の語りへと乗り出していく、ヒュームらしさの生成が垣間見える本でもある。やはり『人間知性研究』も、ヒュームの他の著作と「並べ」たり、全然関係ない書物群に投げ入れてみると、思わぬ思考の平面が立ち上がる。

## 3. そして……跳べ!

ヒュームは並べて読むとおもしろい。彼の著作同士だけでなく、「ヒュームと〇〇」という組み合わせによって、ヒュームの「ヒュームらしさ」が、より明確になってくる。例えば、犬塚の政治思想史研究においては、新たな学を構想するホッブズと、知的伝統の継承を語るヒュームの対照性が、読みの前提にあった。坂本や壽里の社会思想史研究においても、経済学の父たるスミスとその友ヒュームという構図から、スミス思想の先駆者とは違ったヒューム像が探究されていた。そもそもヒューム自身が社交的な人であり、同時代の「文に生きる人々」と職業、学問分野、地理的境界、思想信条を越えて交わっている。「ヒュームと〇〇」の組み合わせは、私たちが強

---

14) ヒューム『人間知性研究』斎藤繁雄、一ノ瀬正樹訳（法政大学出版局、2004 年）を図書館で探してみよう。

引に設定せずとも、その生の軌跡を追っていくことで、自然と立ち上がってくる。Dennis C. Rasmussen の *The Infidel and the Professor*（Princeton University Press, 2017）は無神論者のヒュームと信仰者のスミス、大学教授になれなかったヒュームと大学教授として成功したスミス、道徳哲学で感情について語るヒュームとスミスなど、対照性と共通性が入り組んだ二人について、その「友情」が近代思想、さらには現代社会の基礎を成したものとして論じている。

　「ヒュームとルソー」という主題も、彼自身の生とその思索を横断する主要テーマである。無神論者として糾弾を受けつつも、教会や大学関係者と友好を保ち、話し好きの穏やかな人ヒュームと、激しく理解者を求め、各所での不和を巻き起こす、孤独で過激な人ルソー、一見すると対照的な二人がフランスで出会い、周囲を巻き込んだ大げんかへと発展する。一連の過程は、山崎正一、串田孫一『悪魔と裏切者：ルソーとヒューム』（河出書房新社、1978 年）で追うことができる。当該事件を伝記上のスキャンダルとして、ゴシップ的に扱うことは簡単だ。しかし彼らの不和を、思索上の相容れなさから思想として読み解くことも可能であろう。そもそも、一見して正反対の二人が、当初は「こいつとは話が合いそうだ」と思ったかがキーである。ヒュームとルソーの間に、隠れた思想的親和性を見つけられるかもしれない。当該書で山崎正一も「哲学思想というものは、決して宙に浮

いていはしない。必ず、生活の実体と結びつけられている。私事的な感情の衝突には、最も鋭くそうした実体は自己をあらわにする」と強調している（2頁）。ヒュームに対するルソーの豹変を、18世紀フランスの社交文化から文脈化することも可能だろう。松村博史ほか訳で読めるアントワーヌ・リルティ『セレブの誕生』（名古屋大学出版会、2019年）では、第5章でこのルソー問題が扱われている。ルソーを介することで、ヒューム研究は英語の世界にとどまらず、ドーヴァー海峡を渡って大陸へと広がっていくことになる。

　スミスやルソーほど知名度はないが、コモン・センス哲学の開拓者トマス・リードも、ヒュームのカウンター・パートとして掘り下げ甲斐がある。彼も18世紀スコットランドの人であり、アバディーンで大学教授として暮らし、ヒュームの懐疑主義を批判することから、自身の哲学探究をスタートさせている。リードがメンバーであるアバディーン哲学協会では、ヒューム哲学のアイデアを、たびたびディスカッション・テーマにしていたようだ。彼とヒュームは哲学的立場を異にしつつ、友好的な討議関係を築いており、手紙をやり取りしたり、お互いの著作を読み合って感想を述べたりしている。こうした伝記的背景、リード哲学の俯瞰的把握と現代的意味は、長尾伸一『トマス・リード：実在論・幾何学・ユートピア』（名古屋大学出版会、2004年）に詳しい。ちょうど戸田剛文訳でリード『人間の知的能力に関する試論』

（上巻 2022 年、下巻 2023 年）が岩波文庫から出たので、一次文献へのアクセスもよくなっている。今後、研究の進展が見込まれる分野である。

わたしの論究では「18 世紀のヒューム」から「21 世紀の私たち」をつなぐ縦糸、その二点間の不思議な共振をフォーカスしてきた。他方で、「ヒュームと〇〇」という座組を広げていくと、18 世紀の世界に広がる横糸、同じ時間の中で「違った地域に生きる」人々の不思議な共振も見えてくる。これまで言及してきたスミス、ルソー、リードらは、ヒュームと交友があったり、あるいは彼の著作を読んでいるので、相互作用があって当たり前である。しかし、ヒュームのことを知らない、そもそも直接的な影響関係が見られないところでも、ヒュームの思考と響き合う 18 世紀の人々を見つけるのは難しくない。例えば、伊藤邦武ほか編『世界哲学史 6：啓蒙と人間感情論』（筑摩書房、2020 年）は、18 世紀中国の「感情の哲学」や 18 世紀日本の「情」を取り上げることで、ヨーロッパ啓蒙思想の道徳感情論を、さらに広い文脈で捉えようとしている。中国では『孟子』解釈の刷新者戴震が登場し、日本では仁斎学や徂徠学が発展する他、国学でも本居宣長らが出てくる。

18 世紀のアジアになるとわたしの専門的理解が追いつかないが、ヒュームの声を心にとどめながら、関連書籍を読むのは愉しい。高山大毅『近世日本の「礼楽」と「修辞」』（東京大学出版会、2016 年）や前田勉『江戸の

読書会』（平凡社、2018年）を眺めると、研究の手法や前提はわたしのものと異なりつつ、関心の重なりを感じる。動きとしての読書を、18世紀の日本で考えるのであれば、辻本雅史『江戸の学びと思想家たち』（岩波書店、2021年）が参考になる。英語圏の手法を使って近世の日本を論じたものとしては、池上英子『美と礼節の絆』（NTT出版、2005年）がネットワークを主題とするものとしておもしろい。英訳された18世紀日本のテクストを読みつつ、ヒュームを思うことも可能である。Sumie Jonesら編の *An Edo Anthology*（University of Hawai'i Press, 2013）や James W. Heisig ら編の *Japanese Philosophy: A Source Book*（University of Hawai'i Press, 2011）がわたしの手元にある。

　地域や言語文化を跨いで、18世紀の世界を俯瞰的に語るのは、途方もない試みである。しかし、どこかで誰かが手をつけなければ始まらない。わたし自身は「共時性」という概念枠組みから、何か取っ掛かりができないかと、ここ数年試行錯誤している。文芸空間に着目し、一つの世界を描くという点では、18世紀研究ではないものの、本田貴久訳でウィリアム・マルクス『文人伝：孔子からバルトまで』（水声社、2017年）がある。異分野の専門家と協働する、プロジェクト研究のあり方を一方で探りつつ、『文人伝』のように一人の手で、何か途方もないストーリーを紡ぐ可能性は、私たちのフィールドに残っているのかもしれない。やりたいことも、やれ

ることもヒューム研究／18世紀研究には山ほどあるので、そのフロンティアに参加するニューカマーが、一人でも増えることを祈りつつ、わたしも毎日机に向かっている。エネルギーに満ちた分野なので、十数年後には、まったく違った知の風景が、当該分野で広がっているかもしれない。準備は十分、あとは当該世界に、勇気を出して飛び込むだけである。今だ、跳べ！

# 謝辞

　本書の執筆に際して、友人である若手研究者の橋本良一さん（英詩・詩学）、および教え子の藪優果さん（国文学・国語学）に原稿全文を読んでもらい、そのコメントを踏まえて改稿を行った。「専門的な学術知見の提示」と「包括的で愉快な読書体験の媒介」という執筆方針の両立は、バランスが極めて難しかった。二人の具体的読者を得ることで、原稿を完成させる元気が湧いた。やはり何かを書くこと、自分の書いたものを人に読んでもらうことは、嬉しい。お二人のサポートに感謝したい。また、教養研究センター選書のシリーズに応募したのは、その一冊である武藤浩史『「ドラキュラ」からブンガク』（慶應義塾大学教養研究センター・慶應義塾大学出版会、2006 年）を学部時代に読み、その衝撃から現在の道に進んだからである。わたしにとっての「始まりの一冊」へオマージュをこめ、日吉キャンパスの知的鼓動を感じるような、軽やかな探究の書をつくってみたかった。

　ヒュームについて語ることが、一つの専門領域を超えて知の俯瞰へとつながること、リベラル・アーツという場に適ったものである、という実感は、文学部の１・２年生たちと「愉しくテクストについて語る」という英語

授業から得たものである。さまざまな専攻から集まった学生と、英語授業でヒュームのテクストや伝記を読み、例えば心理学や民族考古学など、異分野からのコメントに大きな閃きを得た。こうした指針を「文芸共和国」プロジェクトとして総括することは、同僚の井口篤さんから着想を得た。とある席、わたしがあれこれ英語について語っていると、「それはつまり、文芸共和国の現代的実践ということだね。とても18世紀研究者らしい」と応答されたことを鮮やかに記憶している。知のハード面（モノとしての物理的側面）に目を向けるきっかけは、同僚の徳永聡子さんが書物史の専門家であり、業務時の会話に負うところが大きい。執筆に際して、「健やかに筆を動かす」というアドバイスが印象に残っている。

　また、総合教育セミナーや文学といった科目を担当することで、ポスト・ドクター時代には接点がなかった文芸ジャンル、テクストに目を向けることとなった。授業後にさまざまな学生がやってきて、演劇や詩作、外国文学や日本の伝統芸能など、いろんなことを教えてくれるので、その勢いで図書館に行き、関係する書棚を眺めるという日々が続いた。文学部のリベラル・アーツ教育を担当してみて、学生に何かを伝えるというだけでなく、教室という遭遇の場で、自分自身が「思いもよらぬ方向に変化する」経験を、興奮冷めやらぬうちに形にしておこう、と思ってつくったのが本書である。

　放課後の教室で、教員と学生がワイワイ話している

「ふわふわした大切な時間」の延長線上に、本文のトーンがある。日吉キャンパスには、賑やかな会話の声が響いている。同僚の吉永壮介さんや石川大智さんとは、キャンパスの路上でバッタリ遭遇し、言語や歴史、創作の話を始めたら、盛り上がって日が暮れていた、ということもあった。学問は愉しい、そしてその愉快な声を育む場として教室があり、校舎内の談話室があり、学内カフェがあり、研究棟の廊下があり、キャンパスの広場がある。その会話の輪に、「私も入ってみようかな」と思う人が一人でも増えれば、その肩をポンと押すことができれば、本書の企画は成功だ。

## 刊行にあたって

　いま、「教養」やリベラル・アーツと呼ばれるものをどのように捉えるべきか、教養教育をいかなる理念のもとでどのような内容と手法をもって行うのがよいのかとの議論が各所で行われています。これは国民全体で考えるべき課題ではありますが、とりわけ教育機関の責任は重大でこの問いに絶えず答えてゆくことが急務となっています。慶應義塾では、義塾における教養教育の休むことのない構築と、その基盤にある「教養」というものについての抜本的検討を研究課題として、2002年7月に「慶應義塾大学教養研究センター」を発足させました。その主たる目的は、多分野・多領域にまたがる内外との交流を軸に、教養と教養教育のあり方に関する研究活動を推進して、未来を切り拓くための知の継承と発展に貢献しようとすることにあります。

　教養教育の目指すところが、単なる細切れの知識で身を鎧うことではないのは明らかです。人類の知的営為の歴史を振り返れば、その目的は、人が他者や世界と向き合ったときに生じる問題の多様な局面を、人類の過去に照らしつつ「今、ここで」という現下の状況のただなかで受け止め、それを複眼的な視野のもとで理解し深く思惟をめぐらせる能力を身につけ、各人各様の方法で自己表現を果たせる知力を養うことにあると考えられます。当センターではこのような認識を最小限の前提として、時代の変化に対応できる教養教育についての総合的かつ抜本的な踏査・研究活動を組織して、その研究成果を広く社会に発信し積極的な提言を行うことを責務として活動しています。

　もとより、教養教育を担う教員は、教育者であると同時に研究者であり、その学術研究の成果が絶えず教育の場にフィードバックされねばならないという意味で、両者は不即不離の関係にあります。今回の「教養研究センター選書」の刊行は、当センター所属の教員・研究者が、最新の研究成果の一端を、いわゆる学術論文とはことなる啓蒙的な切り口をもって、学生諸君をはじめとする読者にいち早く発信し、その新鮮な知の生成に立ち会う機会を提供することで、研究・教育相互の活性化を図ろうとする試みです。これによって、研究者と読者とが、より双方向的な関係を築きあげることが可能になるものと期待しています。なお、〈Mundus Scientiae〉はラテン語で、「知の世界」または「学の世界」の意味で用いました。

　読者諸氏の忌憚のないご批判・ご叱正をお願いする次第です。

慶應義塾大学教養研究センター所長

若澤　佑典（わかざわ　ゆうすけ）

慶應義塾大学文学部助教。英国ヨーク大学大学院博士課程修了（PhD in English and Related Literature）。東京大学特任研究員を経て現職。専攻分野はイギリス１８世紀研究、アイデアの歴史。主要著作に Yusuke Wakazawa, "Political Economy, Moral Philosophy, and the Eighteenth-Century Novel: Tobias Smollett's Vision of Global Commerce in the Scottish Enlightenment," in Felix Brahm and Eve Rosenhaft (eds.), *Global Commerce and Economic Conscience in Europe, 1700-1900: Distance and Entanglement*. Oxford: Oxford University Press, 2022. pp. 117-41 がある。

慶應義塾大学教養研究センター選書 24

文芸共和国の歩き方
　　——書棚を遊歩するためのキーワード集

2024年4月10日　初版第1刷発行

著者————————若澤佑典
発行・編集——————慶應義塾大学教養研究センター
　　　　　　　代表者　片山杜秀
　　　　　　　〒223-8521　横浜市港北区日吉4-1-1
　　　　　　　TEL：045-566-1151
　　　　　　　https://lib-arts.hc.keio.ac.jp/
制作・販売——————慶應義塾大学出版会株式会社
　　　　　　　〒108-8346　東京都港区三田2-19-30
装丁————————斎田啓子
印刷・製本——————株式会社 太平印刷社

## 慶應義塾大学教養研究センター選書　価格はすべて700円＋税